NOUVELLE

CACOGRAPHIE.

Chez le même Libraire :

CORRIGÉ de la nouvelle Cacographie, à l'usage des professseurs, par ****

GRAMMAIRE FRANÇOISE de Lhomond, nouvelle édition, revue et augmentée d'après les Grammairiens les plus célèbres, avec des exemples tirés de nos meilleurs auteurs, propres à servir d'exercices pour l'application des règles, suivie de modèles d'analyse grammaticale et d'un traité de la versification françoise. Par **** 2.e édit. in-12.

Ce nouvel abrégé de grammaire présente, d'une manière claire et lumineuse, les règles établies pour parler et écrire correctement en françois. Il est enrichi des recherches et des remarques de nos grammairiens modernes, et il présente les développemens que laissent désirer les élemens de la grammaire françoise par Lhomond, dont au reste on a conservé le plan si généralement et si justement estimé. On y a joint des extraits de nos meilleurs auteurs, pour aider les enfans dans l'intelligence et l'application des règles. La rapidité avec laquelle la première édition s'est écoulée, prouve l'accueil favorable que cette grammaire a reçu des personnes chargées de l'éducation.

NOUVELLE

CACOGRAPHIE,

OU

EXERCICES GRADUÉS

SUR L'ORTHOGRAPHE, LA SYNTAXE, LA PONCTUATION, ET SPÉCIALEMENT SUR LES PARTICIPES.

A L'USAGE

DES MAISONS D'ÉDUCATION ET DES ÉCOLES CHRÉTIENNES,

PAR ****

E mendis documentum.

Que vos fautes servent à vous instruire.

LILLE.

L. LEFORT, LIBRAIRE, IMPRIMEUR DU ROI,

RUE ESQUERMOISE, N.° 55.

1827.

AVERTISSEMENT.

Le succès qu'a obtenu la Grammaire françoise que nous avons fait paroître, nous a déterminés à mettre au jour une Cacographie basée sur les mêmes principes, et qui faciliteroit l'application et le développement des règles.

Tout le monde convient qu'il est nécessaire de connoître à fond les principes de sa langue; et l'on ne peut maintenant s'empêcher d'avouer que rien ne favorise davantage cette étude que des exercices pratiques qui mettent dans la nécessité d'appliquer les règles que l'on a apprises dans la Grammaire. L'expérience a prouvé, d'une manière incontestable, combien sont grands les avantages qui résultent de l'usage des cacographies, et les progrès rapides que cette méthode a fait faire, ont déterminé tous les instituteurs éclairés à l'adopter dans leurs classes.

Un grave inconvénient existe néanmoins dans l'emploi de ce livre classique ; c'est que la plupart des ouvrages de ce genre renferment un certain nombre de phrases qui peuvent laisser des impressions fâcheuses dans l'esprit de la jeunesse. Nous pouvons dire, sans crainte d'être démentis, que presque tous les auteurs qui ont travaillé sur cette matière, préoccupés sans doute de la recherche des difficultés grammaticales, n'ont pas été assez attentifs à éloigner de leurs livres tout ce qui pourroit exercer une funeste influence sur de jeunes esprits et de jeunes cœurs.

Dans la nouvelle Cacographie que nous publions, nous nous sommes attachés à faire disparoître toutes ces taches, et les instituteurs peuvent, avec une entière sécurité, la mettre entre les mains de leurs élèves.

Pour en faciliter l'usage, nous avons, dans les premiers exercices, mis en caractères italiques les mots mal orthographiés; nous avons placé tantôt des exercices plus courts, mais où les fautes sont plus multipliées, tantôt de plus longs, mais où les fautes sont moins nombreuses.

Comme la syntaxe des participes passés renferme les plus grandes difficultés de la langue françoise, nous avons consacré un certain nombre d'exercices, uniquement à cette partie du discours (1).

---

(1) Les élèves trouveront les règles des participes, établies d'une manière claire et précise dans la Grammaire annoncée en regard du titre.

NOUVELLE CACOGRAPHIE.

I.er EXERCICE.

DEPUI que *lon* a pu *jugé* des *avantage* que *praisente* l'usage de la cacographie, il est *peut* d'instituteurs qui *nait amployer sette* excellente *métode.* — Les *prograis* des *éleve* ont été *baucou plu rapide* dans les *classe* où *lon* a adopté *se* mode *d'anseignemant.* — Si les *anfants* savoient *combien* il est *honteu* de ne pas connoître l'*ortografe*, ils ne *négligeroit* rien pour *acquérire sette connoissance.* — Il *i* a des gens qui *parle* assez *correctemant*, *mai* qui ne *sauroit aicrir* deux *maux sang* faire une faute contre la *langues.* — Tous ceux qui *conoisse* les règles de la *grand mère peuve*, *cent* crainte, *aicrir* et parler; *il nont* pas à *creindre* de *tombé* dans des *fotes grausssières.* — Un *anfant*, qui étoit *depui* deux *an* dans un *pansionnat*, *aicrivoit* la *laittre* suivante à *sons pair*, pour le *joure* de sa *faite.* — Mon *chair* et *onnoré paire*, *sest* un *bau* jour pour *mois* que *seluit* de la Saint-Charles, *puisqulle mauffre* une *nouvel okasion* de vous *témoigné* mon *amoure* et ma *reconoissance. Trope heureu* si je *peu* vous *dédomajé* un *joure* de *vo* bontés pour *mois*. Mon *mètre* n'a pas voulu *corigé* ma *laittre*, il veut que vous *puissié jugé* de mes *prograis*; mais je *crain* bien que des *fôtes* me *soit échapées*.

II.me EXERCICE.

Le *peti paraisseu* avoit *biens raisons* : *sons perre* fut *for mécontan* de lui, et le priva *dés raiconpense* qu'il lui *dessetinoit*. — Si *set écolié* eût été *dilijan* et appliqué, au *lieux* de *sattirer* des *reproche*, il *eu* fait la *gloir* de son *mètres* et la *consolation* de son *paire*. — *mai* il étoit *etourdis* et dissipé, il *n'écoutoi* pas les *conseils* et les *explicassions* de son *maîtres*, il jouoit *pandan* la *clace*, et ainsi il *restoi inioran* et *sexpausoi* à être *malheureu* toute sa *vi*. — *Latantion* est une *calité* qui manque à *biens dés geune jans*. — Voulé-vous *çavoir* pourquoi le *geune* Adrien est *toujour* le premier dans sa *clace*? *Concidéré*-le lorsqu'il *étudi*, lorsqu'il écoute le *praufesseur*. *Voyé* avec quel soin il *aprent* ses *lessons*, avec quelle *persévérence* il *travail* chez son père, *imité*-le et bientôt *vou seré* comme *luit* à la *taite* de vos *condissiples*. — On se *plain* de *manqué* de *mémoir*, et *souvant* l'on ne manque que *datancion*. — Quand vous *avé* une *foi corigé* un *maut* mal *ortographié*, vous ne *devé* plus oublier *coment* il *doi sécrir.* — *Hil* est bien plus *facil* d'*oublié* que d'*aprandre*, de perdre que d'*acquérire*; et *sait* un *gran talan* que de *savoire concervé* ce que *lon paucède.*

III.me EXERCICE.

La *plupart* des *écolie regarde* le *tems* de leurs *aitude*, comme le *plu malheureu* de leur *vi*; et à peine ont-ils *quité* leurs *mètre* qu'ils *regrete* ce *tant précieu* et *desplore labus* qu'ils en *on fai.* — *Jai* vu bien *des* personnes âgées être désolées *davoire pairdu* le *tant* de leur *geunaisse*; *jen* ai vû *dotres regreter* que leurs *parants* nait pu *leure doner* de *léducassion.* — *Combiens* sont donc *ainsensés* et *coupable* les *anfants* qui ne *maitte* pas leurs *preumiaires annés* à profit, un jour *viendras* qu'ils *pleurerons tems dheures* passées dans *loisivetée*, *tems* de *joures* employés à des *amusemans frivols.* — *Vouslez-vou vou éparnié* l'amertume de ces *regré? travaillé* dès votre *jeunaisse.* — La *fourmis* fait, *pandant lété*, des *provision* pour l'hiver, faites *auci*, *pandent* que vous êtes *geune*, une *prauvisions* de *talans* et de *conoissansse* pour la *vieillaisse* qui est *livert* de la *vi.* — *L'eleves dilijent* n'aime pas la *sausiété* des *paraisseu*, de même que *labeil* ne se *réuni* pas avec les guêpes. — *Lon* peut *jujer* des *gous* d'un *geune omme* par les *pairsonnes* qu'il *fréquante*. — Rien n'est *plu dangereu* qu'une *movaise* société. — Un *anfan* est semblable à une *sire* molle qui *pren* toutes les *forme quon* veut lui *doner*. — Le *peuti* Michel faisoit il y a *peut* de *tant* les *deslisses* de ses *parants* et de ses maîtres; il *et aujourd hui bavar*, *dicipé*, *menteure*, et il s'attire *tou* les *joures* des réprimandes et des châtimens. D'où vient un *changeman auci gran?* C'est que *depui deu* mois, Michel s'est lié avec de *peuti* mauvais *sujes*, et il *et* devenu *samblable* à *eu*. — *Sille veu reganier* l'estime et l'amitié de ses maîtres, il *et tans* qu'*ille s'ailoigne* de ces *dangereu* amis.

IV.me EXERCICE.

Un *véritables* ami est un trésor *inappréciables*. — Un *hami sinceres* partage *no* peines, et *adouci no mots*. — Il *nou* donne de *bon* conseils et *surtou* de *bon* exemples. — *Heureu selui* qui possède un bien *auci rares*, qui *c'est* l'apprécier et le *concerver*. — Un *anfent* de *calite* avoit *deus* amis, l'un le *flattoient tousjoures* et *setudioient* à satisfaire toutes ses *fantésies*; l'autre l'avertissoit de ses *fotes*, l'*exortoit* à se bien *conduir* et ne *négligeoient* aucun moyen pour le ramener à la *vertue*. *Lanfant* écoutoit le *flateure* et *maltraitoient* le *véritables* ami; mais il ne *tardat* pas à *éprouvé combien* on *et maleureu* en *suivan* de *perfide* conseils; il *reconnu* ses *tors*, et retrouva le *bonheure* en donnant sa *comfience* à celui qui *seule* en étoit *dignes*. —Les *méchant* qui *sunicent entr'eu* ne sont pas *ami* pour cela. Leur *interait* seul est le *motiffe* de leur *hunion*; et dès qu'ils le *peuve fassilement*, ils se *nuise* et se *dépouille*. *Voisi* une *istoir* à *lapuis* de *sette* vérité.

V.[me] EXERCICE.

TROIS *voleure sétoit* associés pour partager entr'eux le fruit de *leur* brigandages. Un *joure quilles avoit fai* une prise considérable, ils envoyèrent l'un *deus* à la *vile voisines* pour y faire des *prauvision*. *Selui-si* se dit en lui-même : Je *sui biens saut* de partager le *butain* avec mes camarades, puisqu'ils me *fournice eus même* le moyen de me débarrasser d'eux. Il *allas* donc à la *vile*, *achetas* des *prauvisions* et les empoisonna. Les autres, *pandent* son *abçense*, firent le *memes* raisonnement que lui, et dès qu'ils le *vire* paroître, ils coururent sur *luis* et le tuèrent; ils *mangère* ensuite les *prauvisions* qu'il *avoient* apportées et *s'ampoisonnère*. C'est ainsi que leur *malisse trouvas* en *elle maime* son *chatiman*.

VIme EXERCICE.

La Fable *suivente* prouve *conbiens* sont *ainsensés ceus* qui *on* la *mani* de disputer.

Un geai se déroboit avec *paine* à la poursuite de *l'ègle*. Une corneille, touchée de son *malleur*, lui indique un *chaine* creux où il peut se *maitre* en *surté*. « Je vous rends mille *grâsses*, ma *comere*, dit le *jai*, mais *se* que *vou* me *montré* là *net* pas un *chaine*, *sest* un *fraine*, *se* me *samble*. « Mais, *repri* la *correneil*, que ce soit un *chaine* ou un *fraine*, peu t'importe, pourvu que tu puisses *ti caché*. Le *jai* vole *ver larbres* indiqué. Il *sen aproche*, *sassur* que *s'est* un *fraine*, et au lieu de *si réfugié*, il *oubli* le *dangé* qu'il court, et *na* rien de plus *précé* que de revenir à la *corneil*, à qui il crie de loin : « Je le *savé* bien, ma bonne, que *vou vou trompié*; c'est un *fraine*, un *véritables fraine*, aussi *fraine* que je suis *jai*... Il en auroit *di* bien davantage; mais *lègle* l'ayant atteint, fondit sur lui et le mit *an piesses*.

VIIme EXERCICE.

Le geune Louis XVII étoit né avec toute les calité du cœur et de lespri. Outre les lesson qu'il recevoit de ses maîtres, Loui

XVI se plaisoi à lui en donné lui-même sur les langue, l'histoir et la jéographie. Afain de jugé des progrès de son ailève, il le mena un matin assez loin du chato de Rambouillet; et, quand il fure en plaine campagne, il lui dit : « Mon amis, je panse bien que tu aura toujoure acé de monde poure te servire, et te conduir partou où tu voudras allé; mais l'on ne peu prévoire ce qui arrivera. Je me suis souven perdu mois-mêmes; il peu t'en ariver autant; tu connois les quatre poin cardinaux; voyon coman tu vas te tirer d'affaire. Voisi ma boussole; prend la route que tu jugera convenables; mois, je vais allé par une ôtre, et je te done rendez-vou au vieux Rambouillet. »

VIII.me EXERCICE.

Sétoit la premiaire foi que le geune prince se trouvoi seul dan les cham, du moin il le croyoient; mais, creinte d'axidan, on avoit donné ordre à des valet de pié déguisés en paysant, de le suivres de loing et de le surveillé.

Le daibu du peuti jéographe n'étoit point facil, parse que le sauleil étoit caché par des nuage fort épai; vain foi il s'écarta du vré chemins, et il s'y remit toujoures à peu près, à l'aide de sa boussaul; enfain, après avoir errer pendant quatres ou sinq heure, il se trouva dans la directions du rendés-vou, à un quart de lieue de dissetance; il harriva à travère les vigne et les haies, et tou couvère de sueur, à landroi convenu, san avoir demandé sons chemain à personne.

Le tant du diner étoit pacé de baucou. Le Roi commançoit à être fort en paine. Dès qu'il apersut son fils, il couru à lui et lui dit en rian : Ma fois, mon amis, je te croyois pairdus. — « Papa, répondit lanfant, avec otan de grasse que d'aissepri, est-ce que mon cœure ne tournes pas verre toi ancor plus surmant que ma bouçaule verre le Nord.

IX.me EXERCICE.

La dousseure est une vertue qui rent le comerse de la vi agréable. — Lomme emporté et caulère rent sa maisons inhabittable. — Celui qui a de la paulitesse et des praivenansses est toujoure recherchés. — Un tons tranchan et décisif ne convien à pairsonne; mais il déplai surtou dans un geune omme. — Il y en a qui font consisté la paulitèce dans les contorsions du cor, ou dans un grand aitalage de compliman flateures. — C'est une véritable illuzion. Pour être pauli, il fau se conformé aux règle de la biensaiance, rendre à chacun lhonneure qui lui est dû, ne rebuté personne, être toujours disposé à sacrifié ses èses pour la satisfactions d'otruis, parler avec dousseure et modestie, et agire en tout avec grasse et urbanité. — Une des grandes causes de discorde, c'est queu nous some toujour dispaùsés à malle ainterprété les axions des autres. — Un maut picant, quelque spirituelle qu'il soie, ne nous fai pas un hami, et nous fai presque toujoures un enemi de selui à qui il sadraisse.

X.me EXERCICE.

Un nain monté sur les époles d'un géant voyoient plus loing que lui. Le petit saut, tou bouffi d'orregueil, satribue à luis-mêmes ce qu'il doit au jéan, et se mocque de selui qui lui donne lavantages don il joui. — Telles son les ingrats qui ressoive des bienfaits, oublit aussitôt leur bienfaiteure, et les méprise. — Telles son ceus qui hon ressu du siel de lesprit, de l'intelligense et tant d'otres faculté, et qui fon servire poure le mal, les calité quils avoit reçues poure le biens. — Les sciences ne se perfectione quavec le temt, la postéritée praufite des descouverte des encètre. Ceus qui, anflés de quelques praugrets qu'ils on faits, dédaigne et maiprise les encien qui les leur ont fassilité.

sont aussi samblable à ce nain orgueilleux. —Lingratitude est un visse bien commun, et sepandant un des visses lés plu onteu. —Jeune jans, saché vous en garantire, conservé, pendan toute votre vi, pour vos parant et vos mêtres le respect, lamoure et la reconnoissance que vou leure devez.

XI.me EXERCICE.

Tous les Français doive cherché à conoître les hauts faits et les bel axions de leur prinsses. —S.t Louis sest surtous dissetaingué par sa piétée, par sa valeure, pare sa bontée, et pare son amoure poure la justisse. — Voisi un exàmple de sa grandes aindulgence; un de ses valé de chambres laissat tómbé une goute de .sire enflamée sur une jamb où il avoit malle. « Vous devriez vous souvenire, lui dit-il, que mon grant-pair vous dona autrefoi votre conjé pour baucou moin. » S'est tous ce que la douleure lui arrachat. —Jamais on ne vi un aussi bon maître, aussi aisé à servire et auci doux enverre tout ceus qui lèntouroit.— Étoit-il à la tête de ses armés, c'étoit un guerrié intrépide que rien ne pouvoi effrayé. Hil rempli de la gloire de son noms l'Europe, l'Asie et l'Afrique. Grant sur le trône, grant dans les fairs, Loui a rendu son non à jamai immortelle.

XII.me EXERCICE.

Un culletivateure élevoient de geunes arbre quile avoient plantés au cordeau. Comme ses voisin s'aperssure que lun d'eux sécartoit un peut de lalignemant des autre, ils laverretire de corrigé au plutôt ce panchent visieux. Le culletivateure ne tin pa conte de leurs observations et crut qu'il devoit attandre que le jeune arbuste se redressât de lui-même. Mais voyant que le male ampiroit toujoures, il voulu enfain y porté remède; mais il'étoit tro tar, et il fut forcé de couper larbre qui déparoi sa plantation.

Telle est le dangé des movaise abitude. Gardé vou bien de les lesser s'inveterer. Un anfent dont on n'a pa soins de coriger les defo naissan devien bientôt incorrigible.

XIII.me EXERCICE.

La lèquetur est la nourriture de lame. — Les movais livres sont pour lame ce que son les poison pour le cors. — Heureu selui qui saplique à orner son espri de connoissances hutil, et qui s'éloigne avec orreure des sources funeste de lerreure et du visse. — Mettez un orange corrompue dans un panié rampli d'auranges bonnes et seines, elle ora biento fai de grand ravages et cauronpu tous les otres fruis. — Il an et de même d'un anfant visieu, il et dangereu poure tous ceu qui laproche, et il a bientôt pairvairti ceu qui le frequente, même quant il son doués du plu eureu naturel. — Il y a des occazions où il fau bravé le péril, hil i en a d'otres où la grande siense et de çavoire fuire. — Le plus gran dangé est souvan du côté don on se défi le moin. — Il y a certains ami maladroit don les demarche officieuse son plus nuisible qu'utile. — Selui qui croi à toutes les louange qu'on lui done, prouve quil nę les méritent pa.

XIV.me EXERCICE.

Il et presseqimpossible de parlé baucou et de parlé juste. — On demandoit à Esope ce qu'il y avoit de meilleure o mondes. Il répondi : la langues. Sest par le secoure de la langues que lon fai des priaires et des harangues, que lon défent lopprimé, que long santretien avec ses ami, que lon anseigne toute les sciences, etc. On lui demanda ce quille i avoit de plu movais, il raipondi ancore : la langues. Sest elle qui fai tou les mansonge et les parjur, quî troublent, par les maidizance et les calomnis, les ménages, les ville et les royômes. — Cé une grande calitée que de çavoir maitre un sceau sur sa langues. — On se repand souvant davoir trop parlé, et raremant de navoire pa parlé assé. — Apliqué-vou à dire de bones choses plutôt que de belle. — Selui qui, à chac frase, sertifi la vérité de se quil avansse, prouvent quil na pa lui-même grande comfience dant sa sainsérhité. — On peu souvan jujer d'un ome par sa manière de s'exprimé. — Un ton honête, maudeste et tranquile prévien en faveure de selui qui lamploi.

XV.me EXERCICE.

Un laboureure charja son fils de desfriché un chant abandoné depui plusieur anné, et tou couver d'épine. Le jeune ome fraimi à lassepect d'une tâche auci dificil. A peine a-t-il parrecouru des yeux la forait qu'il doi culletivé que, tou décourajé, il se jette sue le gason, et passe la journé à se désolé ou à dormire. Le pair senti la cause de ce découragemen. « Allon, mon fi, lui dit-il le landemain, tou ce queu jeu demande de toit, sest que tu me daifriche se peuti espasse, large seullement de sinq pieds. La proposition est axepté et la tâche ramplie avec gaieté et fassilitée. Autent en fut fai le landemain, autant les joures suivans, et biento ce travail qui paroissoit interminable fu achevé, à la grande satisselaxion du pair et du fis.

Ne vou aiffrayé pas des travau que vou devez antreprendre, mettez courageusemen la mains à lœuvre, et vous viendré à bou des chauses les plus difisile.

XVI.me EXERCICE.

Nécrivé rien que de convenables; se qui est écri peu préjudisié encor plu que les parol qui sévanouisse. — Metté-vou un mauman à la plasse de selui à qui vou voulé fair une ainjure, et vous ne lofenseré pa. — Tou le monde se plain de sa mémoir, et personne ne se plains de sons jujeman. — La flateri et une fosse monnoie qui na cour que pour notre vanitée. — Le plu gran de tou les defau, c'est de croir n'en point avoire. — Le reupo et le bonheure dun éta dépende de la Religions; s'est elle qui soutien les lois; san helle, il n'y a point de loi con neu puissent viaulé. — Selui qui nait pa fidel à son Dieu, ne lest presque jamai à sons prinsse. — Si nou voulon çavoire ce con di de nou en notre absance, panson à ce qu'on di des ôtres devan nous. — Voisi un prauverbe des Turcs : Si tu me tronpe une preumiaire foi, tan pi poure toit ; si tu me tronpes une seconde foi, tan pi poure mois. —Les plaintes et les reprauches ne guérisse aucun malle.—La pluspart des omes emploit la meillieure parti de leure vi à rendre lotre misérable. —Voulé-vou être riche, ne désiré riens. — Plaidé est l'ar de ségorgé avec la plumes.

XVII.me EXERCICE.

Un ome eureu n'et pa selui qui a tou ce qu'il désir, mai selui qui ne désir poin ce qu'il n'a pa.—La prossepairitée done des ami, ladvairsitée les aiprouve. — Atandé jusquo soire pour dir si le joure a été bau, et jusqua la more pour jujé de la vie.— Doner tro tar, sest refusé.—Seu qui aime à contredir change les conversation les plu dousses en disputes dézagraihable. —Lunion et le bon hordre se concerve, tams qu'un seule home comande, dès que plusieure veule comandé en même tems, on voi naître aucito les troubles et les divizion.— La vairtu net jamai sang raiconpense. C'en est déjà une bien dousse que le plésire que l'on ressen davoir fai une bonne axion. —M.r l'amiral de Vivonne traversan le Rhin à un androi guéable, dit à sons chevalle qui bronchoi au milieux du fleuves. « Ne tavise pas de fair mourire un hamirale dans lo dousse. — Honeure et praufit ne marche pa toujoure ensemble. — Pour aitre bien sairvi, il fau être passien.

XVIII.me EXERCICE.

L'IGNORENCE peu etre appelé la nui de l'esprit, et cette nui na ny lune ny étoille.

Profité de vôtre jeunaisse pour acquérire des vertues et de la science. Les qualitées du cœur ne son pas moins prétieuse que celle de lesprit. Il faux prandre tout les moiens convenable pour acquérire des connaisances solide; mais il faux aussy travaillé de bonheur a instruires sa raison et à formé son chœur. Cette homme est savant, dirat'on, mais il n'est pas vertueus : cette autre possaide de grande vertue, mes il n'a pas dinstruction. Auqu'elle des deux donneront nous la préférance? a celui sens doutte chez lequelle les conoisances son ramplacé par les vertues.

Voulé vous, mon ami, etre estimé de tout le monde, soyés vertueus non moins qu'instruit, et fréquenté toujours des personnes qui joigne l'instruction à la sajesse. Les sociétées dans lesquels nous nous trouvont ordinérement, ne contribut pas peut à nous randre juste où injuste, honnête où dépravé; il sera dont toujour de l'intéraît d'un jeune-homme qui voudera ce formé lesprit et le chœur, de ne fréquenté que des gens vertueus et instruit. La science et la vertue ſond la gloire, lornement et la consolation de lhomme. Je plaint les jeunes-gens qui sont assés stupide pour préféré de frivols amusemants aux charme de létude, et des plaisirs honteux aux douceur de la vertue. Que de regraits il ce prépare! quel destiné affreuse leur est réservé!

XIX.me EXERCICE.

La crainte de Dieu est le commansement de la sajesse. — Le tant fui, il sechappe en morselant la vie; ah! sest toujour trot tard, que nous redemendons les heure pour en user mieu! — Milles parti de plésir ne laisse aucun souvenire qui vailles selui dune bonne action. — La vertue est belle dans les plus lait, et le visse est lait dans les plus beau. — Le tant moissone, et nous glanont, amployont chaque jour de notre vie, come sil devoient etre le dernié. — Chaque siècle répaite à l'autre : Tout les faulx bien produise de vrai meaux.

Combien de personne ne juge des autre que par la vogues qu'ils on, ou par la fortune quils possede! — Il est beaux, il est grand davoir conpassion de son ennemy, dant sa défaitte. — La modesti et le respec son comme les pleures des enfant; leur foiblesse meme et leur impuissanse fond leur forse, et obtiéne tout. — Le desire de parêtre instrui, faits qu'on négliges souvant les moiien de le devenire.

XX.me EXERCICE.

Dissipé le tant, sest usé létofe don la vie est faitte. — Loisivetée ressamble à la rouille, elle uses beaucout plus que le travaille. — La paraisse chemine si lantemant, que la peauvreté ne tardes pas à l'attaindre. — La faim regardes a la porte de l'homme laborieu; més elle nause pas entré dant la maison. — Leau qui tombent constemment goute a goute, parvien a consumé la pierres. — Nous aimon toujour seux qui nous admire, et nous naimont pas toujour seux que nous admiront. — Avec du travaille, une souri couppe un cable, et de petits coûts répétés abbatte de grand chaine. — Les esprit médiocre condane ordinérement tous se qui passe leur porté. — Nous pardonont souvant aux persone qui nous ennuye, mes nous ne pouvont pardonné à selle que nous ennuïont. — Loublie de soit mesme est la piére de touche de la vrai grandeure, et la perfection de la sajesse. — Si la vanitée ne renverse pas antièremant les vertue, du moin elle les ébranlent toute. — Nouz oubliont ésément nos faute, lorsequ'elle ne son conu que de nous. — La marque la plus vrai d'un chœur né avec de grande calité, c'est d'estre sans envi.

Quest se quun papilion ? Se n'est tout au plut quune chenille habilié : et voila ce quest le jeune homme fat. — Les enfans et les fou simagine que vint frans et vint ans ne peuve jamais finire. — Il ni a rien daussi chere que le tant; seux qui le perde, son les plus blamable de tout les prodigue. — Si sest un grand bonne heure que davoir ce quon desir, s'en est un bien plus grant, que de ne désiré que se quon a.

XXI.me EXERCICE.

Celuy qui caches ses faute, en veux fair encor. — Un fils qui à fais versé des larme a sa mere, peux seule les essuyé. — On gagnent toujour a taire se quon nest pas aubligé de dire. — Nous pardoné a nous meme les traver que nous ne pouvont souffrire dans les autre, sest nous arrogé le droi dêtre fou seule. — Quiconque attant le superflue pour secourir les peauvre, ne leur donnerat jamais rien.

Un faulx ami est comme lombre du cadran solair, qui ce montre quant le soleil lui, et disparêt a lapproche du plus lègé nuage. —Sommes-nous malade, il ni a pas de bien que nous ne nous proposiont de faire. Rendu a la santé, nous voila revenu à nos foiblesses et a nos égarement. —Qui veux aprandre a bien mourire, dois aprandre auparavent a bien vivres. — L'instruction est un thrésor, et le travaille en est la clef. —Ne souaite pas la mort de ton ennemy; tu la souaiteroit en vin; sa vie est antre les main du ciel.

Un étrangé, qui étoient à Lacédémone, admiroit le respec des jeunes-jens pour les viellard : Se nest qua Sparte, dit-il, quil est agréable de viellire. — Si tu voioi une vipaire dans une boitte dor, en auroi tu moin d'horreure? Regardes du mesme œuil le mechan anvironé déclats. —Les bien de se monde ne nous appartiène qu'en usuefrui; ce corp nestquun vaitemant de louage; cette vie nest quune hotelleri.

XXII.me EXERCICE.

Lais chrétiens ne meurt pas, ils ne font que chenger de vi. — L'impunitée commancent par randre les loi inutil, et fini par les randre ridicul. — Ces étoil qui aitincel avec tems d'écla son otan de soleil que la main de Dieu a répendus dans le ciel. — Lomme sage mais sa confience en Dieu. — Un home san expériance échape raremant au pairils qui lanvirone. — Dieu dispence les bien et les mots selon la force ou la foiblesse des hommes. — Lomme coupable chairchent vainemant une divertion aux remor qui le poursuive. — La justaisse de l'expretion sui aurdinéremant celle de la pensé. — Dent les jour de trouble et de deuil, si long fai quelque réflections, cest sur l'ainconstence dais chauses umènes. —

L'imortalité doigt consauler les ommes des paircécusion quilles aisuit. — Il n'apartient qu'a seluiqui a créé la maire, de lui donner des lois. — Tu suportes des injustisses, consaules-toit : le vrai malheure est d'en faire. — Les vrai ami atandent con les apèle dans la prospéritée ; dans l'adversitée, il seu praisante dœufs-même.

XXIII.me EXERCICE.

Sain Louis brûlan d'une sainte impatiance, savance lépé d'une main, et le bouclié de lôtre. — Celuit qui persécutte lomme de biens, fée la guerre au sielle. — Ne fête rien dans le maumen de la collère : vou vou hambarqueurié au millieu d'une tampaite. — Lonnaite omes neu s'abbaisse jamé jusqua findre. — Tou le mondes seu pleint de sa mémoir, et pairsonne neu seu pleint de sons jugemants. — Il i a trois genres d'éloquance : celle du baro, de la tribunes et de la chère. — La vi antiaire dun omme répont de son attachemant à la vertus. — Seux qui amploye malle lheure tant son les premier à se pleindre de sa briaiveutez. — Une rapiditée queu rien n'arête, antraîne tout dans les abbîmes de l'éternitée. — Quille et dou de jouire du frui de sais traveaux aprais un lon et painible travail. — Tous ce qui genent est contreint les ommes leur parest un tourmant. — Plu on seu livrent à ses penchants, plus on an devien l'esclaves. — L'aincrédulité de l'aispri vien presque toujour de la coruption du cœure. — Que ne fé pas entreprandre os ommes lamour de la gloir! — La vertue soufrante atendrit tous les cœures qui on quelleque goût pour la vertue. — Il ni a que les maichan qui ai de l'avertion poure la véritée. — Lonneur aquis et cosion de selui quont doi aquérir. — Je ne sai quoi deureu et répendue sur le visages dun onête omme. — Les ingures son les réson deux ce qui on taure. — Je creins Dieu, et après Dieu, je ne creins que selui qui neu leu creind pas.

XXIV.me EXERCICE.

Quels délises peut-ton conparé à ceux que causent une bone axion! — Toutes les onête jans saintairaisse à un geune ome instruie est modestes. — Quel que soie la bothé des verres de Virgile, la poaisi chraitiene nou ofre ancores quelleque choses de supérieure. — Le maimes rois qui çut anployé les Condés, les Turennes, les Luxembourgs, les Créquis, les Catinats, les Villars dans ces armé; les Colberts et les Louvois dant sons cabinai, choisit les Racines et les Boileaux pour écrir son istoir; les Bossuets et les Fénélons pour hinstruir ces anfan; les Fléchiers, les Bourdaloues et les Massillons pour linstruir lui-mêmes.

Ceus qui done de bon conseils sang les aconpanier dexamples, resamble à ces pauto qui aindique les chemain sang les parcourire. — Les vairité con ème le moin à antandres son selle con a le plu dintairés a savoire.

—La sajaisse et la puiçanse du Créateurs, auçi vicible dant la structur du limasson queue dant selle du lyons, se manifest dant toute la natures. —Parmis les paines et les aflicttions de sette vi, il ni en a pas dainconsolable, ci nou porton no regar verre le siel. —Acoutumés os bautés qui sauffre à nos regart, souvant la sajaisse don elles portes l'anprinte eccitent peut notre admiration. —Les Français parle vites, et agisse quellequefoi lantemant. —Les ouasaux construisc leur nits avec un ar et une adraice admirable.

XXV.me EXERCICE.

Il faux déclaré la guerre a sinq chause, savoir : aux maladis du cors, a l'ignoranse de lespri, au passions du cœure, au céditions des ville et à la discorde des familles. —La nature, en nous donant deux oreille et une seul bouche, a voulue nous fair conoitre qu'il faux plus écouté que parlé. —Sest la vertu seul qui fet naître et entretien lamitié: et lon peux dir quil ny a pas d'amitiée sant vertu. —Lutile n'est et ne sera jamait ou ne ce trouve pas lhonnête; quicunque doute de sette vérités, peut être regardé come déja criminele.

Le calomniateure est la plus cruel des

betes férose, et le flatteure, la plus dangéreuse des betes privé. — Rien ne prouves mieu l'insuffisance de la promaisse, que labitude du serman.

Ceux qui critique le plus les accions dautruies, ressamble à ses architeques, qui toujour or de chés eux, occupé à construir et a conservé les maison des autre, laisse tombe eux meme l'édifice qui leurs appartien. — Ont triomfe dune movaise habitude plus aisémant aujourdui que demin. — Un enfant doi estre dans une éternel appréencion de fair quelleque chausse qui déplèse a ces parens; cette crinte dois locupé sans sesse : en un maux, il dois agire dans tout se qu'il fais, aveque tant de precotion, qu'il ne fasse jamais rien qui offence ou qui afflige tent soi peut les auteur de ces jours.

XXVI.me EXERCICE..

La prérogative de l'homme de bien, est de naitre surpri par aucun evenemant; rien ne peux étonné en aiffet, selui qui a plasé sa confiense en Dieu. — Ont ne fais pas de sacrifise sans effor. — Les plus petite machine fond souvant mouvoire les plus grande chause. — La jeunesse inexpérimanté croie pouvoire ce suffir a elle mesme; mais, ignorente come elle lait, sujet a mil bésoin, environé de dangé, que deviendrois telle privé de conseille et de secour? — Pour bien gouté le bonne heure, il faut avoir étée mal-heureu. — La nature, avare de ces prodije, ne done que de loin en loin de grans homme a la terre; nous devont doncque honoré et respectée a jamait ceux don les action sélébre son concigné dans lhistoire, où ceux dont nous avons nous mesmes le bonheure d'admiré les vertu éclatente. — La cupiditée rant lhome malheureus, en lui randant insupportable les privation qu'il andure.

Il arive fréquamant, et l'expériance le démontrent, quun evenemant qui nous parêt heureu, et don nous avont vivemant desirée le succès, resselle dans sont sain le germe de nos maus. — Si tu est sage, tu ne fera a autruy que se que tu voudra quon te faces; cette loy est regardé comme le fondemant et le prinsipe de toute les autres loix. — On vois tous les jours des hommes ce coupé une main cangrené, pour conservé le reste de leur corp. — Il en est de ladmiration comme de la flame, qui diminut, des quelle sesse d'ogmenté.

XXVIIme EXERCICE.

La vie est un journale sur lequelle on ne dois inscrir que de bonnes action. —

Ramplacé la perte dun aventage ou dun agrément par laquisition dune vertue. —On paye chere, le soire, les foli du matin. —Il est une remarque bien vrai a faire, sest que la plupar des chose qui nous fon plésirs, son dérésonnable.—Combien i a til dhomme qui puisse dire : J'ai fait en ma vie bien des sautises; mes ont ne peux me reproché aucun acte de méchancetée.—Il an est dun segret comme dun trésort. Desquune foie ont sais ou il ait, ont ne tardes pas a le découvrire. —La tampéranse est un arbre qui à pour rasines le contantemant de peut, et pour fruit le calme et la paix. — Pourquoi faux-til que la plupar des omme soyent plus capable de grande accions, que de bonne! —Les jens qui on baucoup despri, tombe souvant dans le dédin de tout.

XXVIII.me EXERCICE.

Il i a deux chose qui perde les homme : se son labondanse de richesse : et labondance de parolle. —Quant une foie lambicieux est déchue, il ne vit plus qua ses propre ieux; il à joué, il a perdue : tel est listoire de toute sa vie. — La plupar des orateur nous donne en longueur se qui leurs manque en profondeure. —Quant on a une maison de ver, il n'est pas prudant de jetté des pierre dans la maison de son voisin. — La vieilliesse du méchant est pire que la boite de Pandore; elle ranferme tous les maux, et ne conserve pas l'espérence. — Aimé à lir de bon livres, s'est faire un échenge dés heure dannuy, contre des heure délisieuse. — Informes toi du voisin, avant de prandre maison, et du conpagnon, avant de faire route.

Trois choses ne se connoisse quen trois occasion : le courage à la guère, la sajesse au moment de la colere, l'amitié dans ladversitée. — Voicy lépitafe qu'on lie sur la tombe de l'auteur de Télémaque : « Sous cette » pière repause Fénélon. Passant, n'efface » point, par tes pleures, cet épitafe, afin » que dautre la lise et pleure comme toy. » — S'est bien a tors que les personnes qui aublige, seulement pour leurs intérait, demande qu'on leurs en aient aubligation.

Le saut se peut se reconoitre à quatres attribu : il ce fache sens motif; il parle sens utilitée; il ce fi sens connoistre; il change sens réson; — Une seul journé d'un sage vaux mieux que toute la vie d'un saut. — Un bon livre est le mélieure des amis. Vous conversez agréablement avec luy, lors que vous navez pas un ami au qu'elle vous puissiez vous fier. Il ne revelle pas vos segrets, et il vous enseignent la sagesse. — Les hommes et les affaire on leur poing de perspective; il y en a quil faut voire de prêt pour en bien jugée, et dautres dont on ne jugent jamais aussi bien que quant on en est éloignée.

XXIX.me EXERCICE.

Le plus belle éritage quun pere puisse laissé à ses enfans, éritage milles fois préférable aux plus riches patrimoine, s'est la gloire de ces vertus et de ces belles action. — Lorfelin n'est pas celui qui a perdue son pere; s'est celuy qui na ny sciance ny bonne éducation. — Une chose injuste ne sauroit estre ny avantageuse ny utille. — Indépendamant des idé révellé, selles que j'ay dun Dieu vengeur et rémunérateur me donne une très-forte espérense de mon bonheur éternelle; cette espérence me soutien, et il fau hêtre aînsansé ou criminelle pour y renoncé. — N'est-il pas vray de dire que lamour propre est le plus grand de tous les flateur? — La vertu est labitude des bonnes action; le visse est celle des mauvaise. — Une action est bonne où mauvaise, selon quelle est, où non conformes aux loix.

Légalitée des richesse est une chimere qui na pas dexample; le partage des terre ne vaux rien, ni comme action, ni comme loy.

Si nous n'aviont pas autant de deffauts,

nous ne prenderions pas autant de plaisir a en remarqué dans les autres.

Les instans sont à nous, n'attandons pas les années. *Aujourd' hui* est la, gardons nous de le perdre; si *demain* arrive, tant mieux! il faudra le traite comme un amy que le ciel nous envoit, et le féter, dut il partir le soir même. —Qui sandort dans le sain d'un père, nest pas en peine de son reveille.—Les mauvaise maximes sont pir que les mauvaises action. Les passions dereglé inspire les mechantes action; mes les mechante maximes corrompe la raison mesme, et enleve les ressourse pour revenire au bien. —L'Histoire transmait à la postéritée les vertus des hommes célèbres et les crimes des méchant; ont ne sauroit donc trop lire l'Histoire qui nous donne la mesure de vénération que nous devont avoir pour les uns, et daversion que mérite les autre.

XXX.me EXERCICE.

Il y a une sagesses et une bontés infini dant les chose maime où les borne de nos conaiçanse, et la faiblèce de no lumière nou empaiche de les reconoîtrent. —Les jans d'esprit maime nan on jamais moin que lorsquil tache dan avoire. —Quelques coronpu que soi no mœurs, le visse na pas encor perdus parmis nous sa onte. — La vertus fais seul gouter le vrais plésire. — Cyrus conoiçoit tous les solda de son armé, et pouvé les désigné par l'heure nom. — Il nou an coutent biens moin de ramporté dés victoire, que de nou vincre nous-même.

La coure de Louis XIV été brillante : tou les étrangé louai sa manifiçansc. — Le mairite, les vertu maime doive baucou à la maudesti, qui rehaussent leur éclat. — Il ni a aucunes conditions qui n'est sé peines. — Quelque soient la modération de no désire, ne nous croyion pas a labri dé rever. — La vi de lomme util, quelle que courtes que soi sa duré, reçemble au plu presieu dé méto, qui a baucou de pois sou un peti volumes.

XXXI.me EXERCICE.

Sait parce que lor et rar que lon a ainventé la dorur, qui, san an avoire la saulidité, a tout son brillan. Ainsi, pour ramplacé la bonté qui nous menque, nou avon imaginé la politaisse, qui a toute ses apparanse. — Lespri umain est telemant né pour la vérité, quil veu toujour voire son image, mêmes dans les fixion. — Les ommes auts et vin son semblable aux épi de blet ; ceu qui lèvent le plus la taites sont les plus vide. — Les quinsième et seisième siècle on été marqué par de grande descouvertes : tel son l'ainvension de l'inprimerie, celle de la poudre a canon, des thélaiscope, la descouverte du nouvau monde, selle du pasage aux Inde par le cape de Bone-Espérance, etc. — Les misseterre de la natures son lesfet dune puiçanse et d'une sagèce supérieure à notre aintelligence. — Les jans qui, par modération, ème la pais, son les plu redoutables dans la guère. — Sure toutes la surfasse du glaube, il naît et meur troi milles perçone par eurt. — On ne trouve guerre des ingras, tems con et an éta de fair du bien.

Loiseaux mouche est le bijous de la nature. — La vi seroient bien courtes, si l'éspairanse ne prolongé sa duré. — Peuton comtanplé le siel, sang être convincus que l'univer est gouvernée par une supraime et divine intelligense ? — Les remor coutent bien plu chers que les bénédictions de toute une famile quon tir de la miser.

XXXII.me EXERCICE.

Sil est util de se fair des ami, il lait ancore plu de ne poing se fer des ennemi. — Plu un omme vitieu avence en age, plu le visse jète en lui de profonde rassines. — Quant une foi on à tramper ses laivre dent la coupe de la bienfésansse, sa liqueure parai ci douces quon ne veu plu la quiter. —Hil ne faux pa jujé des omme comme dun tablau ou d'une figur, sur une seul et une premiaire vu ; il i a un intéricure et un cœure quil faux aproffôndire. —Il i à des mauvès éxemple qui son pire que les crime. —Il i a de l'aingratitude à ne témoigné de la reconoisance des bienfais quon a reçu, que pour an resevoire de nouvau. —Sain Louis suievoient piés nu, l'étandar de la saintes croit. —Commen un autre poura t il gardé notre secré, ci nous ne pouvon le gardé nous meme? —Ne demandon pa à un hamis des chause aindigne de loneure. — Il et rare dentendre réson dans un age ou lon se fait quelquefoi un mairites de ne pas la consulté. —La paulitaisse eccige quon praite atencion a ceux quon nou di — Lomme prudens c'est demandé conseille et le suivre.

XXXIII.me EXERCICE.

Tandis que la nature repose enseveli dans l'ombre, nous, enfant de la lumiere, levons nous, et occupons les moment de pieux cantique. Le silence regne dans les lieu profane : que la loi de Dieu, les oracle des prophete, et ces psaume animé dun feu divin, retentisse dans les demeure sacré. Heureux les homme qui ne ce sont point laissé aller aux conseil des impies, qui ne se sont point arrété dans la voye des pecheur, et ne ce sont point placé dans la chair de corruption. Pourquoi les nations ont elle fremi de courroux? Pourquoi les peuple ont il formé de vain complos? Les roi de la terre ce cont levé, et les prince ce sont ligué contre le Scigneur. Mon Dieu, combien ceux qui me persécute ce sont il multiplié! que dennemi j'ai vu sarmer contre moi! Levez-vous, Seigneur, sauvez-moi! Les cable de la mort mont environé, les torrent de liniquité ce sont débordé sur moi. Du sein de ma tribulacion, j'ai invoqué le Seigneur, et j'ai crié vers mon Dieu. Et de son sain temple, il a entendu ma voie; et mes cri poussé en sa présance ont eté a son aureille.

XXXIV.me EXERCICE.

Alors la terre c'est emu, et a tremblé; les fondement des montagne ce sont cbranlé devant sa colere. Il a abaissé les cieux, il est descendu; et les nuage étoit sous ses piez. Il a prit son vol sur les aile des chérubins, il c'est elancé sur les aile des vens. Les nuées amoncellé formoit autour de lui un pavillon de tenebre : leclat de son visage les a dissipé; et la grele et une pluye de feu sont tombé de leur sein. La voix du Seigneur a eclaté comme un orage brulant. Il a lancé ses fleche et dissipé mes ennemi; il a redoublé ses foudre, qui les ont renversé. Alors les eau ont eté devoilé dans leur source, les fondement de la terre ont paru a decouvert, parce que vous les avez menacé, Seigneur, et quils ont sentis le feu de votre colere. Vous mavez derobé a la puissance de mes ennemi, lorsqu'il setoient fortifié contre moi. Dieu protege ceux qui esperent en lui.

XXXV.me EXERCICE.

Il y a dans de certaine forez des arbre si gros et si ancien quon peut les regardez come ayant commancé avec le monde, et comme ayant ete planté immédiatemant par la main de Dieu. Il est meme remarquable que plus ces arbre sont négligé, plus ils devienne beau; et que si les homme sappliquoit a les cultivez comme les petis arbre de leurs jardin, ils ne feroit que leur nuire. Vous conservez par là, Seigneur, une preuve que c'est vous seul qui les avez formé. Ces grand arbre serve de retraite à une infinité de petis oiseau qui y font leurs nis, et qui, quoique foibles et petit, save profitez de l'elevacion et de la protection des cedres et des plus haut chene.

La premiere chose, après la vue general des beauté du ciel, qui ait attiré lattention des homme, a eté le mouvement de la lune, sujet a de changement sensible, et visiblement établi pour marquer les semaine par les quatre principal mutation ; les commencement des mois par les néomenies, et les revolution des année par celle de douze mois.

XXXVI.me EXERCICE.

Tout les peuples ont eté touché de se spectacle, et tous ont profité dune supputation si naturel ; et vous avez voulu, Seigneur, que votre peuple particuliez regla ses principal fete sur le cours d'un astre qui montroit aux homme si clairement de quel respect votre Providence etoit digne, et combien il etoit juste qu'il y eut des temps consacré a votre culte.

Si le soleil paraissoit toujours, il bruleroit sur la terre tout se quil y fait naitre. Nous ne verrions point se nombre infini d'étoile dont le createur a semé le firmament. Nous naurions aucune heure tranquile pour le sommeil et pour le repos, parce que la durée du jour entretiendroit dans tout les lieu celle de la veille et du travail, que les un reprendroit quand les autre le quitteroit. Et les yeux lassé par une lumiere perpetuel, la regarderoit enfin comme importune; et ils lui prefereroit les ténebre, au lieu detre invité par les tenebre meme a desirez son retour.

Ce seroit aussi un grant inconvénient pour les hommes obligé au travail de la campagne, que dy etre exposé au bete sauvage que votre Providence retient dans les forez et dans les antre pendant le jour. Car le jour etan continuelle, la faim obligeroit ces betes a sortir de leurs retraite malgré la lumière, et elle ce jeteroit sur les homme plus foible et moins proms a la course que la plupart d'entrelle: ainsi, les campagne seroit abandonné, et la crainte des bete farouche entraineroit nécessairement la famine.

XXXVII.me EXERCICE.

Mais, Seigneur, en donnant des bornes au jour, et en lui faisant succedez la nuit, vous avez mis en sûreté les homme, et en liberté les bete. L'horreur naturel que les homme ont pour les tenebre, les oblige a retournez dans leurs maison; et la crainte naturele que les bete ont pour la lumière, les retiens dans leurs taniere pendant le jour. Lorsque lhomme est arrivé chez lui, les bete sorte de leurs caverne, et elles nont permission de cherchez leur proye que lorsque votre main a mis l'home en sûreté.

On entent, lorsque la nuit est fermé, et quil ny a plus personne dans la campagne, les rugissement des lions et les hurlement des lous, qui apprennent a lhomme quel est le maître qui veille sur lui pendant le jour, et qui loblige a se retirez des champ lorsque la nuit est venu; car ou en seroi il, si de tel rugissement venait leffrayez durant son travail? Et a qui peut il attribuez le silence et la tranquillité de tant de bete carnassiere, pendant que le jour rempli la campagne de personne quelles pourroit devorez?

Dès que le soleil paroît, toute les betes ennemi de lhomme ce hate de lui laissez la place libre. Un pasteur invisible les chasses dans les bois avec sa houlette; et il retabli le silence et la paix, en renvoyant dans leurs taniere tous les animaux sanguinaire dont les plu foible sont la proye. Il semble alors quilsaic changé de nature, tant il sont paisible. Il dorme ou il sont aussi tranquil que dans le sommeil. Une puissance supérieur les tien lié; et, a moins quon ne sapproche imprudemment de leurs caverne, on nen a rien a craindre.

Au contraire, dès que le soleil commence

a dissipez les tenebre de la nuit, lhomme plein dallegresse et de joye sent renaitre en lui lamour du travail. Sa maison lui paroit triste et sombre, et les campagnes, au contraire, pleines dattrais. On laffligeroit, si lon vouloit le retenir dansloisiveté ; et quand il est accoutumé a cette vie innocente et champetre, quoique laborieuse, il ne lui prefereroit pas labondance et la mollesse des riche.

Que de merveille, Seigneur, sont caché dans vos ouvrage, et dans ceux meme qui paroisse les plus simples et les plus ordinaire! Qui ne croiroit, en examinant le moindre insecte, que votre sagesse se soit épuisé à lui donnez tant de ressort delicas, si varié, si propres a le conservez, a le multipliez, a developpez les changement merveilleux par lesquel il doit passez?

XXXVIII.me EXERCICE.

Les montagne ne se sont point élevé elle meme : cest votre main, Seigneur, qui les a fondé. Les plaines et les vallon ne leur porte point envi; et la place que vous leur avez marqué est la seul qui leur convienne. Les montagne répande ce quelle reçoive; et les vallon comprenne combien il leur est util detre a leurs pied.

Il semble que dans la nature les lieu les plus bas soit aussi les plus arrosé et les plus fecons. Cest ainsi que vous distinguez les humble de tout les autres, et que vous comblez les petit de tout se qui ne fait que coulez sur les grans. Le desert ne nourrissoit que des serpens et des betes ennemi de lhomme. Les lieux ou habitoit les dragons ont été changé en des lieux cultivés et fertile. Vous les avez peuplé dhommes et de troupeau. Et vous avez désalteré la soif de ceux qui ne pouvoit recevoir de rafraichissement que de vous.

Mais ces homme qui, à l'égard des autre, sont plus elevé que les montagne ne le sont a legard des plaines et des vallon, ne s'attribue point une si haute fonction comme l'ayant mérité. Ils save quils etoit auparavant injuste et digne de haine comme les autres; mais que Dieu, qui commanda autrefois à la lumiere de sortir des tenebre, a fait luire sa clarté dans leur cœur, afin quil soit en etat déclairez les autre, et qu'ils porte ce trésor dans des vase de terre, afin que se ne soit pas a eux, mais à Dieu qu'on attribu un si grand pouvoir.

Vous arrosez les montagne du haut des reservoir que vous avez preparé. Les deux grande lumiere que vous avez créé aut commencement du monde pour éclairez la terre, etoit limage de la lumiere dont vous vouliez eclairez le peuple, a qui il vous plairait de vous manifestez. La conversion du monde entier sest fait au seul bruit de votre Evangile, sans que la force ni la violence ait été nécessaire. Les montagne, comme lavoit souhaité vos prophete, se sont écoulées devant vous comme la cire, et elles ont eté reduites en cendre ; après avoir jetté quelque tems une vaine fumée. Les persécuteur ont été changé en protecteur; et ceux qui etoit les plus intraitable et les plus fier ce sont humilié sous vos pied.

Achevez, Seigneur, la conquete de ce qui ne vous est pas encore assujeti. Faite tombez sur les montagne de Gelboé, qui, depuis la defaite des vaillans d'Israel, nont été arrosé par aucune pluye du ciel, une rosée feconde qui change leur anciène stérilité; et echauffez les par une douce chaleur qui en amolisse la dureté. Et faite, pour accomplir vos promesse a légard d'Israel, les meme miracle que vous avez prodigué, pour signalez votre misericorde a légard de tout les peuple.

XXXIX.me EXERCICE.

La sage et religieuse princesse qui fait le sujet de ce discour na pas été seulment un spectacle propozé aux homme pour y étudiez les conseil de la divine providanse et les fatale révolucion des monarchis; elle sest instruit elle meme pendant que Dieu instruisoit les prinse par son exemple. Elle a egalemant entendu deux leçon bien opposé, cest a dire quelle a usé chretiennement de la bone et de la mauvaise fortune. Dans lune elle a été bienfaisante, dans lautre elle sest montré toujours invinsible. Tant quelle a été heureuze, elle a fait sentir son pouvoir au monde par des bontée infini; quant la fortune leut abandonné, elle s'enrichit plus que jamais elle meme de vertuz : telment quelle a perdu pour son propre bien cète puissance royalle quelle avoit recu pour le bien des autre; et si ses sujez, si ces alliés, si léglise universelle a profitté de ses grandeures, elie meme a su profitté de ces malheur et de ces disgrace plus quelle navoit fait de toute sa gloire. — Avec quel prudanse elle traitoit les afaire! Une main si habile eut sauvé l'etat, si l'etat eut pu être sauvé. On ne peut assez louez la magnanimitée de cette princesse. La fortune ne pouvoit rien sur elle; ni les maux quelle a prévu, ni ceux qui lont surprise, nont abatu son courage. — Que si lhistoire de léglise garde cherement la mémoire de cète reine, notre histoire ne taira pas les avantage quelle a procuré a sa maison et a sa patrie : femme et mère tres cherri et très honoré, elle a reconcilié avec la France le roi son mari et le roi son fils. Et depuis ne sest elle pas appliqué en toute rencontre a conserver cette meme intelligence? — Quant jenvisage de prez les infortune inoui dune si grande reine, je ne trouve plus de parole ; et mon esprit, rebutté de tant dindignes traitement quon à fais a la majesté et a la vertue, ne ce résoudroit jamais a se jetter parmi tant dhorreures, si la constanse admirable avec laquelle cette princesse a soutenu ces calamités ne surpassoit de bien loing les crime qui les ont causées.

XL.me EXERCICE.

Une des plus essencielle et des plus noble fonxion des souverain, cest de randre la justisse aux peuple. Saint Louis en fit une des prinsipale occupacion de son reigne. Il écoutoit, il examinoit lui meme aveque équitée les différans de son peuple. L'entrée du Louvre étoit libre a tous ceux qui recouroit a sa protexion. On navoit besoin d'autre recomandacion ni d'autre credi que de celui de la justisse; et cetoit un titre sufizant pour etre introduit auprez du prinse, que d'etre maleureu.

Que jaime à me le represantez ce bon roi, comme lhistoire le représante dans le bois de Vincennes, sous cès arbre que le tems a respecté, sareitant au milieu de ses diverticemans innosans pour ecoutter les pleintes et pour recevoire les requettes de ses sujetz! Grans et petis, riche et pauvres, tous peneitroit jusqu'a lui indifeiramant dans le tems le plus agréable de sa promenade. Il ny avoit point de differanse entre ses heure de loizir et ses heure doccupacion. Son tribunale le suivoit partout ou il alloit. Sous un daiz de feuliage et sur un trone de gason, comme sous les lambri doré de son palais et sur son lit de justice, sans brigue, sans faveure, sans acception de qualitée ni de fortune, il rendoit sans délaie ses jugemens et ses oracle, avec autoritée, avec équitée, avec tendresse, roi, juge et père, tout ensemble.

XLI.me EXERCICE.

Bienheureux sont les pauvre desprit, c'est-à-dire, ceux qui ont lesprit détaché des bien de la terre ; ceux qui sont effectivement dans la pauvretée sans murmure et sans inpatiense ; qui non pas lesprit des richesse, le faste, lorgueil, linjustice, une aviditée insaciable. La félicitée eternel leur apartien. Lame religieuse ce rejouit detre dessaisie, dépouillé, morte aux bien du monde. Heureuz dépouilement qui done Dieu !

Bienheureux ceuz qui son douz, c'est-à-dire, qui sont sans aigreure, sans enflûre, sans dédin ; qui ninsulte point au malheureux ; qui concerve la douceure, meme envers ceuz qui sont aigre ; qui noppose point lhumeure a lhumeure, mais tache de corrigez les exces dautruy par des parole vraiment douce. Quel est cète mèche qui brule? Cest la colère qui exerce ses ravage dans le cœur. Elle fume ; cest quelque injure que le prochin irrité proferre contre vous. Gardez vous bien détindre cète meche avec violense. Laissez la fumer un peu, et setindre come toute seul. Si elle fume, cest quelle setint : ne leteignez pas avec force ; mais laissez cète fumé s'exhaler et ce perdre inutilement au milieuz de lair, sans vous blessez ni vous attindre. Lhome est si porté a laigreure quil saigri très souvent contre ceuz même qui lui font du bien. Un malade saigri contre ceux qui le soulage. Presque tout le monde est attint de cette maladie la. Cest pourquoi nous nous aigrissons contre ceux qui nous conseille pour notre bien. Bienheureux ceuz qui sont douz! Ils *posse-dront la tere*, c'est-à-dire, ils gagneront tout les cœur.

XLII.me EXERCICE.

Bienheureuz les pacifique; car il seront appellé enfant de Dieu. Dieu est appellé le Dieu de paix. Sa bontée concilit tout. Il a composé cette univers des natures et des qualitée les plus discordante : il fait tout concourire ensemble pour la conservacion du genre humin. Il veut qu'a son exemple vous aimiez vos ennemi, et que vous fassiez du bien a ceux qui vous haisse; que vous le priez pour ceux qui vous persecute, afin que vous soyez les enfant de votre père celeste. Le soleil nest pas plus nebuleuz dans les pays ou Dieu n'est pas connu; la pluye nen arrose pas moins abondamment les chams et les paturage, et ny est pas moins rafraichissante, ni moins feconde. Le soleil, quant il ce leve, nous avertis de limmense bontée du createur; puisquil ne ce leve pas plus tard, ni avec des couleure moins vive pour les ennemi de Dieu que pour ses ami. Adorez donc, quant il ce leve, la bontée de Dieu qui pardone; et ne témoigniez pas a votre frère un visage chagrein, pendant que le ciel lui en montre un si serin et si douz.

Soyons donc vraiment pacifique : ayons toujours des parole de reconciliation et de paiz, pour adoucir lamertume que nos frere témoigneront contre nous, ou contre les autre : cherchons toujours a adoucire les mauvais rapport; a prevenir les inimitiées, les froideuie, les indifférence; enfin a reconciliez ceuz qui seront divisé. Cest faire lœuvre de Dieu, et ce montrez ses enfant, en imitant sa bontée.

XLIII.me EXERCICE.

Combien sont éloignié de cet esprit ceuz qui ce plaisent à brouilliez les uns avec les autre; qui, par de mauvais rapport, souvent faux dans le tout, souvent augmenté dans leurs circonstanse, en disant se qu'il faloit taire, en reveilliant le souvenir de se qu'il faloit laisser oubliez, ou par des parole piquante et dédaignieuse, aigrisse leur freres et leurs sœur déjà emu par la colere!

Le sel assaisonne les viande; il en releve le gout, il en empeche la fadeure, il en previen la corruption. Ainsi la conversacion du vrai chretien doit ranimer dans les autre le gout de la pietée. Et cest de quoi sont bien eloignié ceux qui nont que de la langueure et de la mollesse dans toute leur conduite.

La vie chretiène demande une extreme exactitude. Il faut prendre garde aux moindre préceptes, et nen mepriser aucun. Le relachement comence par les petite chose, et de la on tombe dans les plus grans maux. *Qui meprise les petite chose, tombe peu a peu. Le ciel et la terre passeront; mais les parole du Seigneur ne passeront point.*

Sï le soleil tout d'un coup aloit disparoître; et que se grant flambeau du monde s'éteignit au milieux du jour : si le ciel ce metoit en piece, ou ce retiroit comme un roulau qui ce renvelope en lui meme : si la terre manquoit sous nos piez, et quun fondement si solide fut tout dun coup reduit en poudre; quel malheur! Mais le malheur est bien plus déplorable, si tout les comandement de Dieu ne sont point observé.

XLIV.me EXERCICE.

Au jour des Rameau, le Sauveur reçut dans la ville royal et dans le temple, des honeur plus grans que n'en avoit jamais reçus les plus grans roy. Il plut alors au fils de Dieu de laisser eclatez ladmiration que les peuples avoitconçue pour lui. Cest pourquoy ils accoururent au devant de lui avec des palmes a la main, crians hautement quil etoit leur roy, le vrais fils de David, qui devoit venire, et enfin le Messie qu'ils attendoit. Les enfant ce joignioit a ces cri de joy; et le temoigniage sincerre de cet age inocent faisoit voire combien ces transpors etoit véritable. Jamais peuple nen avait tant fait a aucun roi : ils jetoit leurs habis par terre sur son passage; il coupoit a lenvie des rameau vert pour en couvrire les chemin; et tous sembloit vouloir sincliner devant lui. Sepandant ce roy pauvre et douz etoit monté sur un humble et paizible animal; ce netoit point ces cheveauz fougueuz, atelés a un chariot, dont la fierté atirois les regars.

On ne voyoit ni satellites, ni gardes, ni limage des ville vaincu, ni leurs depouille, ou leurs roy captif. Les palme qu'on portai devant lui marquai dautre victoire; tout lapareil des triomphes ordinaire etoit bani de celui-ci. Mais on voyoit a la place les malade quil avoit gueri, et les mort quil avoit ressussité. La personne du roi, et le souvenir de ses miracle faisoit toute la recomandation de cète fete. Tout se que lart et la flatterie ont inventé pour honnorez les conquerant dans leur plusbeau jour, cede a la simplicitée et a la verité qui paroisse dans celui ci. On conduis le Sauveur avec cète pompe sacré par le milieuz de Jérusalem jusqua la montagne du temple. Il y paroit comme le fils du Dieu. Ni Salomon, qui en fut le fondateur, ni les pontife qui y officioit avec tant d'eclat, ny avoit jamais reçu de pareils honneur.

XLV.me EXERCICE.

La troupe de ceuz qui etoit venu a Jérusalem pour y celebrez la paque accourut au devant du Sauveur, parce quils avoit appri les miracle quil avoit fait. Le bruit des merveille quil avoit opérées remplissoit toute la Judée. Et pendant quil dessendoit la montagne des Oliviés, les troupe de ses disciple, saisis d'une joye subitte, ce mirent a louez Dieu de toute les guerison quelles avoit vu. Sa doctrine demeuroit ainsi confirmée par ses miracle; car il les avoit faits expressément en temoignage de sa mission, et de la verité quil annonsoit.

Pendant que les peuples applaudissoit au Sauveur, et portoit jusquau ciel les louange du fils de Dieu, ses ennemi, non content de faire paroitre dans leur parolles, leur envie quils ne pouvoit retenir, faisoit de secrette menée pour le perdre, et y étoit meme animé par la gloire d'un si bau jour.

XLVI.me EXERCICE.

La jalousie est une des plus grande playe de notre nature. C'est le noire et secret effets d'un orgueil foible, qui ce sent ou diminuez ou effacez par le moindre eclas des autre, et qui ne peut soutenire la moindre lumiere. Cest le plus dangereuz venin de lamour propre, qui commence par consumez celui qui le vomi sur les autre, et le porte aux attentas les plus noir. Car lorgueil naturellement est entreprenant, et veut eclatez : mais l'envie ce cache sous toute sorte de pretexte, et ce plait au plus secrettes et au plus noir menée. Les medisance deguisé, les calomnie, les trahison, tous les mauvais artifice, en sont lœuvre et le partage. Quand par ces tristes et sombre artifice elle a gagnié le dessus, elle eclatte, et joint ensemble contre le juste, dont la gloire la confond, linsulte et la mocqueri, avec toute lamertume de la haine et les derniez excès de la cruautée.

Les Juifs ne vouloit point croire que celui quil ce proposoit de faire mourir put etre le Christ, ni qui sa mort put attirez la reprobation de nation.

LXVII.me EXERCICE.

Un embaçadeure d'une puiçance étranjères, paressoi surpri an venan au Louvre, de voire Henri IV anvironé de seigneures de sa coure qui scu trouvoi très près de luis. « Ilil fodroi les voire un jour de batailles, luis di ce bon prinsse, hils meu praisse biens d'avantages. » — Hon rapporta hun joure a Charles VI qu'un ome quille avoi comblé de grasse, avoi malle parrelé de luit : « Ceula neu peu pas aitre, réplica se prinsse, je lhui est fai du biens. » — On demandoi o chevalié Bayard quelles bien hun pair devoi lesser à ses anfans : « La piétée, la vairtue, la sajaisse, raipondi le nauble chevalié, ses richaisse inaistimable ne craigne ni plui, ni vant, ni tampette, ni violanse humaine. » — Après la fameuses batailles des Dunes, dens laquel M. de Turenne seu couvri de gloir, se gran ome aicrivi de sa propres mein le billiet suivan à la vicontesse de Turenne : « Les enemi son venu à nou, hils on aité batu; Dieu an soi loué! geai un peut fatigué toutes la jourené; jeu vou donc le bon soire, et je vai me couché. » Quel saimplisitée dan hun si gran éro.

XLVIII.me EXERCICE.

M. de Turenne alloi souvan à pié antandre la Maisse, et deu là se praumené seule sur le rampar, san domestic et cent haucune marq de distainxion. Hun joure, dan sa praumenade, hil paça prais dunes troup dartisan qui jouoi a la boules, et qui, cent le conoitre, leu priaire de jujé un cou. Hil pri sa cane, et aprais avoire meusuré les dissetansses, il pronomssa. Selui quille avoi condané luit dit des hinjur; le marechalle souri; et, croïan saittre tronpé, il aloi meusuré une segonde foi, lorsqueu plucieur aufisié qui laperssur, vainre labordé. Larretisan demeurat comfu et seu jeuta a ses jenou poure lui demandé parredon. Le Viconte répondi : mon hami, vou havié taure de croir que jeu vouluce vou tronper.

XLIX.me EXERCICE.

Un paire de famil avoi plusieures anfant. Com il seu vi prauche de ça faim, il les raçambla tous, pri plusieures baguete, et les lia toute ansamble en faiço ; puis il le dona à lainé de ces enfans, et lui hordona de le rompre. Selui-si se mi en devoire de leu fair, mais quelqueeffaure quil fit, il nan pu jamai venire a bou. Hils aissayèrent toure à toure, et ni les uns ni les autre ne pure réussire. Alors le vieillart repri le faiço, separat les baguette, et les dona lune après lotre a chacun de ses anfan qui les rompire toute sans le moindre aifort. « Mes anfan, dit alore le bon paire, appliqué vous se qui vien de se pacer. Tems que vous restererez unis, rien ne seura capables de vou aibranlé. Mais si la dissecorde vou désuni, vous vou affoibliré telleman que le moindre choque sufira poure vous abattre. »

L.me EXERCICE.

Les abitacion de nos ansêtre, avan le seisième siècle, netoit ni agreable ni ailégantes. Elles étoit fêtes à peut prais com des colonbiers. Le joure ni pénétroi que par des ouvairture fort étroites, garni de volé et de petis caro de canneva ou de papié huilé. Les vitrage obscurci de pintur étoient un aurneman réservé pour les autels des seigneurs et les palais des Rois. La cimplissitée des meubles répondoi à selle des batiman. Les siège ordinere des chambres, san an excepté selle du Roi, étoit des aiscabel et des bans. La reine seule avoi des chèses garni de cuire doré et de frange de soit. — Les repa etoi aussi fore sobre; une loi de Philippe-le-belle défendoit d'avoire, au gran repas, plus de deux maits et un pautage. Une telle frugalitée paroitra surpreunante dans un siècle telle que le nautre. Mais létonneman reudoublera ci nous ajouton que cette cimplisitée étoi alore selle de nos rois mêmes.

LI.me EXERCICE.

Personne ne veux dessandre au ſont de soi-même, et toujour nous examinons la besasse qui pent sur le dot de ce lui qui nous précèdes. — Le crime ce met quelques fois à l'abrit du châtiment, mais jamais il n'échape au remord. — On dore pésiblement souz le chôme. — Les malheureux croyent facillement se qu'ils souaitent avec hardeur; quand a ce qu'ils redoute, ils nimaginent pas que rien puisse les en garantires. — Quelque soie le mérite, il est bien dificille de perser quand on a sensesse a luter contre les besoins domestique. — Doux espoire qui nourrissoit mon ame et m'abusa si lontemps, te voilà donc étaind pour tout jours! — Providance éternel, qui ſait remper l'insecte et rouller les cieux, tu veille sur la moindre de tes euvres! tu me r'appelle au bien que tu ma ſait aimé! Daignes accepter d'un cœur éclairé par tes soins l'homage que toi seul rend digne de t'être ofert! — On trouve des moyens pour guérire de la folie, mais on en trouvent point pour redresser un esprit de travert. — Il y a une demie heure, et même trois quart d'heures, que je vous atand. — Le trante du moi de julliet prochin, je payrai au porteur du présant la somme de deux cent ſranc quatre-vingt sentimes.

LII.me EXERCICE.

La maison de campagne que nous avons achetée est a cinq lieux édemi de la capital. — Une afaire que je viens de terminé me mets dans la nécessitée de profiter de l'offre que vous m'avez fait il y a quelque jour : je vous pris de vouloir bien me pretter les deux milles quatre cents cinquente francs que vous m'avez proposé d'une manière si obligente. — Tous le monde ma offert des servisses, et personne ne men a rendus. — Ma sœur c'est cassée la tête pour résoudre la question que vous lui avez proposée : elle n'a jamais pu en venir about. — Mon fils est né l'an mille sept cents quatre-vingts-trois, a cinq heures et demies du matin. — Mais, mon fils, tu ne me paroît pas méchant, quelque conseille te pousses; rend-moi mes armes, vas-t-en. — Il faut que je parcours aujourdui tous les cartiers de la ville. — On veut que vous employez votre temps mieux que vous n'avez fais jusqu'a-présent.

LIII.me EXERCICE.

Quel profusion de fleures ! quel surprenante variété ! Je voi partout la nouvautée piquante jointe a la perfection et a la sinplicitée. Quelques unes eleve leur tete avec majéstée, domine sur tout le parterre, comme le souverain dans un etat. Lautre, plus modeste et sans anbition, nose pas meme elevez sa tige, et laise sa tete reposez sur le gazon. Les une sont elegamment decoupé; les autre garni de franges, et chamaré de mil couleures. Celles-là, simple dans leur parure, ont la candeure dune vierge, et sont pur comme la vertue. Celles-ci, décoré de la pourpre des roi, font lorgueuil du jardin et du maitre. Mais jamais le noir, cète triste et sombre couleure ne fut admise dans la parure du printems. Les habis de l'afliction et du deuil ne sieroit pas a la nature, lorsque elle ranime tout les etre. Elle ne veut maintenant inspirez que des idée agreable. L'illusion du sentiment a gagné mon ame; des milion de fleur briliante dispute devant moi le prix de la bautée. Je jouis de leur couleures, de leur parfuns, de leur charmes : toutes attire mon eloge, et je reste indeci.

Que vos ouvrage sont sublime, ô maitre de la nature ! que nest il permis a mon imagination enflamé dembrassez limensitée de vos dessein, et de sentir toute la justesse de lexecution.

LIV.me EXERCICE.

La vérité deplait aux humain, quant elle ce montre nu a leur foibles yeuz : pour que leur regars nen soit point blessé, ils la couvre du manteau de la fable et du voile de l'alegorie. L'inconstance et la legeretée degrade tout les jour les chefdœuvre de lart. Le degout suit de prez ladmiration : mais des siecle ce sont ecoulé, et le degou et lennuy nont pas encore attaqué les œuvre du tout-puissant. Depuis linstant de leure création, on ne cesse de les admirez : la surprise et ladmiration prène de nouvel force de lattention meme quon aporte a les contemplez; et lensemble et les partie, tout est merveille.

Cest surtout pour lhomme que Dieu crea les fleure; lui seul a reçu le privilege de jouire de ces etre charmant. Les animauz ne sont aucunementsensible a tant de beautées. Ils ont des sens pour distinguez les partie grossierre des objez; mais il nont pas le gout qui discerne leurs qualitées delicates et agreable.

LV.me EXERCICE.

Venez diné chez moit, dit un jour le renart à la sigogne : je veut vous y tréter et de mon mieu. Celle ci, sans se faire beaucoup prié, acceptat la partie, et si rendit à l'heur marqué. L'accueil fût des plus oblijant, mais la chaire ni répondit pas. Pour tout met, l'haute servit a sa voisine, sur une assiete fort platte, sertain brouait si claire, que tout se qu'elle pût faire pandant tout le repat se fût de becter le plat, et presque toujour sans rien prendre; apeine pu-t-elle en goutter. Le renart lappa le tout en moins de rien, non s'en rire de la sigogne qui discimuloit son dépi, aussi piqué qu'afamé. Il n'en rit pas long-temps : le même jours, la sigogne l'invita a venir soupé chez elle, et lui servie dans un vase dont l'embouchure étoit fort longue et fort étroite, de la chaire aché; et celle-ci, qui profittoit à lors de l'aventage que lui donnoit son long bec, manja tout a son aise, et se mit a rire a son tour du trompeur, qui, rédui pandant tout le festain a ne léché que les bords du vase, quitta en fin la partie, et, demie moit de fin, se retira couveit de honte.

LVI.me EXERCICE.

Les orateur et les poete ce sont disputé lhoneure de transmettre à la postéritée les fais glorieuz de *Henri* le Grant. — La reine na du son salut qua la fermetée quelle a montrée. — Quel tandres emocions navons nous pas éprouvé, en nous retrouvans dans les lieu qui nous on vu naitre! — J'ai *l*u la lettre que vous avez ecrite a ma fille. Les fautes dortografe que j'y ai remarqué, prouve que vous lavez ecrit avec precipitation, et que vous ne lavez point relu. Votre mere, toute instruite quelle etoit, relizoit toujours ses lètres, quant elle les avoit écrites. Je vous engage a suivre tous les bons exemple quelle vous a laissés. — Ces juge, malgrez les intrigue dont on les avoit antourés, ne ce sont point ecarté du santiez de la justisse. Il ne ce sont point laissé seduir par les promesse quon leur a faites; il ne ce sont point laissé intimidez par la crinte des meaus dont on les a menacé. — Nos troupe ce sont anparé de la sitadelle. La garnizon que les Anglois y avoit mise en partant, a été passé au fil de lepée. — Je vous ai donné les conceil que j'ai cru les plus propres a faire réucire l'entreprise que vous vouliez faire. — Coment pourai je decrire cète suite de maleurs quune fauce deimarche a acumulés sur ma tête? — La question que je metois proposé de traitez, ma paru dabort assez difficile; mais je lai dégagée de tout les insident qui pouvoit en être elagué, et je me flate de lavoir rezolue dune maniere satisfezante. — Vos frere, quon a plaint de setre laissé trompez par deux intriguant qu'ils auroit du fuire, ne sont pas a labri de tout reproche.

LVII.me EXERCICE.

Une armé nombreuse d'Allemands, sortie des fauraits de la Germanie, vin pour disputé aux Françai la paucession des fairtil contré ou ils s'étoit établis. Déjà tout le pay entre le Rhin et la Meuse etoi anvahi.

Les Français raçamblé par Clovis leure roi, vont au devan de l'ennemi et le joignent dans la pleine de Tolbiac. Une afreuse mélé sangage. La viquetoire flotte lontant aincertaine antre les deus armés. Mais après avoire fait des praudige de valeure, les Français comansent a plié. Leurs adversères fon un dernier aifort et renverse tout ce qui veut ancore; opausé quelque resistance. Pressé par le dangé, Clovis songe aux avi qu'il resût si souvant de son épouse. « Dieu de Clotilde, saicri-t'il, secouré mois, si vous me rendé viquetaurieu, je n'aurai plus dotre Dieu que vou. » A ses mots, un courage surnaturelle samble nêtre en lui. Tous seux qui l'antourent retrouve, à son example, une hardeur nouvel, et sairan les rans se précipite sure un grau dennemi qui sambloi devoire ecrasé cette foible troupe; mai la puiçansse de Dieu se manifestent, et les Allemands anfoncé, ronpus de toutes pars, son mis dans la plus afreuse déroute, et lesse sur le chant de batailles leur roi et la meillieure parti de son armé.

Aprais sette éclatan triomfe, Clovis revin à Rheims où son aipouse étoit venu l'attendre. Il ressut, dans cette ville, le batem des mains de saint Remi, avec trois mille de ses prinsipau officié. An peut de tant son aixemple fut suivi pare le raiste de sa nassion, et la France nu plu d'otre tample que seux consacré au vrai Dieu.

LVIII.me EXERCICE.

Philippe-Auguste, avan la battail de Bouvines, se trouvan an praisance dune armé baucou plus concidérable que la cienne, et naitan pas sure des dispausicion de quelques uns des ceinieur qui marchoi sou ses étendars, açembla ses troupe, déposa sa courone sure un hotel préparé poure la sélébracion de la maisse, et sadressan avec dinité au guerrier qui lanvironnoient : « Français, leur dit-il, cil ait quelquun parmis vou que von jugiez plus digne que mois de poité se diademme, je suis prait à le lui séder; mai si vous ne man croyé pas aindigne, sonjé que vous avé à sauvé aujourdui votre roi, vo famille, vo bien et vautre oneure. » Toute larmé retenti alore du cris de vive le Roi! et chacun, d'un mouveman spontanée, renouvela le sairman de mourire pour sa daifance.

La bataille qui suivi fu une des plu mémorable de notre istoire. Aîle eu lieux près du vilaje de Bouvines, antre Lille et Tournai. Les ennemi avoient plus de cens soixante mil combattan et l'armé française à peine cinquantes milles hommes. Sepandan selle ci soutin vaillamman les ataques redoublées des Allemands avec hune aintrepidité éroïque. Philippe, à la fois générale et saulda fit des praudijes de valeure, et rampaurta la victoire la plu conplaîte.

LIX.me EXERCICE.

Deux mil fantacin et trois cent cavalié soutinre seuls le choc de dix mil omes. — Ils résistaire pendan une demie heure, et anfonsère enfin leurs ennemis qui laissèrent sur le chant de bataille trois mil cinq cens des leurs. — Ce fut en l'an treize cens quarante-six queu lieu la funeste bataille de Crécy. — L'année se compose de trois cens soixante cinq jours. — Il y a dans une heure trois cens soixantes seeondes, et dans un jour il y en a huit mil six cens quarante. — Il faut un fort bon cheval de celle pour faire vingt lieus en douze heure : j'avois entrepri de faire se trajet, et j'ai du m'arreter après avoire fait seize lieux et demi ; j'avois employé onze heures et demi, et il ne me restoit qu'une demie heure pour achevé ma route. — Un de mes amis vient de m'écrire qu'il veu donné aux pôvres une some de dix mil cinq sens francs ; mais il veut quelle soit répartie ainsi : sept milles francs pour les auspices, troi mil franc pour faire aitudié un pôvre geune ome, et sinq cent pour la famille la plus abandonée de la ville. — Cet aparteman a vingt deux pieds et demis, je me propose d'y prendre un cabiné de huit piés, un corridore de trois pié, il raistera honze pieds pour mon aparteman, et j'aurai en outre un demis-pied de terrain dont je tacherai de tirer partie avantageuseman.

LX.me EXERCICE.

Ses enfan son tou deu bien dairaisonable ; lun refuse de saucupé de ces devoirs, il est tout antier à ces jeux, à ces récréation et il vaudroit que tous ces condissiple fucent comme lui, vaulaje et dicipés. Lautre paird auci le tems de ces études, et il le paird dans la plus onteuse oisiveté. Il semble que ces main ne peuve le sairvir, que ces pieds nont pas la force de le transpaurté, que toutes ces facultés sont dans un éta d'apathie d'où rien ne peu les tiré. Ses enfans resantirons bientô les tristes aifaits de leure conduite. Tous deux manquerons du nécesssaire et seron malheureux pendant toute leur vie, s'ils ne veule pas changé leures mauvaises abitudes. — Les saulda qui ne savent pas aubéïr à leures chefs son plu dangereux qutile. — Selte praumenade est très agréable, ses tilleuls qui lombrage, ses chemins parsemés de fleures en font un séjour anchanteur. — Lomme qui ne travail pa à corigé ces défots, travail à les augmanter. — Lavare ème ces richesse et nan use pas; il est samblable à un home qui a plucieurs abis magnific, et qui an porte toujours un usé et déguenillé. — Il n'y a de supairiauritée reelle que selle donée par le jénie et la vertue.

LXI.me EXERCICE.

Jusquo raigne de Charles neuf, l'ané comançoit à Paques, et suivoi la variacion de sette faite. Se prinse en fixa le commanseman au premié jour de janvier. Quelque tans après, sous Henri III, il seu fi, dans le calandrié, une reforme bien plus importante Les ancien avoient cru l'ané plus longue de onze minutes, quelle ne l'est aifectiveman; cette erreure légère en apparance, mais répétée d'ané en ané et de siècle en siècle, étoit devenu si concidérables qu'en quinze cens quatres vingts deu l'equinoxe du praintan se trouvoi tomber au honzes mars, quoique le kalandrié le marquât toujoures au vingt et un du maime mois, joure auquel le premier consile de Nicée l'avoit fixé en trois cens vingt cinq.

Poure remaidié au déranjeman qui an résultoi dans l'aurdre civil et ecclésiastic, le pape Grégoire XIII supprima les dix jours dont l'aiquinoxe du kalandrié retardoi sur le véritable aiquinocce, et lon pri des mesurs pour que désoremai l'aiquinocce coïnsidât toujours avec le vingt et un mars. Sette çage réforme fut adoptée sur le chant par les états catholic. Les nassions séparées de l'aiglise finire elles mêmes par si conformé, excepté la Russie qui maintenan conte douses jours de moins que nou. De là les tairmes de kalandrié grégorien, de vieu style et de nouveau styl.

LXII.me EXERCICE.

Set auteur est ccccllent, les préceptes et les explicassions qu'il a dévelopés dans ces ouvrages fassilite beaucou laitude des siances. Il prétan quun jeune ome intellijan et apliqué pourroit, en suivan ces leçons pendant une année et demi, conoitre a fonds et par prinsipe la langue française. — Sette conoissance qui paroit si fassile, ne saquiere qu'à faurce d'étude, de travail et d'exercices. — L'analyse est un très bon moyens poure seu bien pénétré de lesprit dune langue. C'est en aitudian chaque maut, en se rendan compte de ces diverse significacions, de sa pausicion dans la frase, de ces rapports avec les ôtres maux, que l'on parevien à fixé les raigles dans sa mémoire. — L'aitude de la jéographie est très-importante. Il harrive souvan que lon se trouve onteu de ne pas connoitre les prinsipale villes du pays quon abite, les montague les plus élevées, les prinsipaux fleuves, les nons des prauvinses ou des départeman. Pour sette étude, il est bon d'avoir sous les ieu une carte jéographique, de bien conoitre les quatre points cardino, et de calculer soi-même les dissetances. — Quant on conoit bien son pays, on parcoure les contrées voisine ; on voi de quelle maniaire elles son bornées ; on peu aussi aitudié le caraqueterre des habitans et les prauductions du saul.

LXIII.me EXERCICE.

Hil me samble quon doigt daborc examiner ce que c'est que l'étude, et quel butte on doigt se prauposé en aitudian. Amacer beaucoup de connoissances même avec un grant travail, et se distingué du comun en sachan se que les ôtres ne savent poingt, tout sela ne sufit pas pour dire que l'ong aitudi : ôtreman se seroit aitudier que de conter les feuilles d'un haibre, les lettres d'un livre, puisque se seroit une ocupacion faur painible qui praucureroi une connoissance toute particuliaire. Pourquoi sette aplicacion ceroit-telle ridicule ? parse quelle ne ceroit ni hutil ni hagréable. Mais il ne sufit pa non plu que l'aitude soit agréables.

Hon auroi pitiée d'un malade qui ne chercheroi qu'à sabiller propremant, et à mangé tout ce qui flateroi son goû, au lieu de sapliquer sérieuseman à se guérire. On se moqueroi dun geune hartisan qui, pendan son aprentizage, samuseroi à dessiné ou à joué des ainstrumans, aux lieu d'aprendre sa praufession. Il auroi bau dire qu'il y prand plaisire et que la musique et la peinture son des arts plus nobles que la menuiseri et la cerrurri. Laissé tou sela, lui diroi-ton aux musicien et aux pintre, le tant que vou doneriez à leur profession vous empêcheroit d'apprendre la vautre.

LXIV.me EXERCICE.

Javois le dessin de vous proposér une praumenade, mais le mauvai tant sy est oposé. — Se poëme contien troi mils six six cens neufs verres. — Le livre que vou mavé praité renferme des gravures don le dessein est très caurrect. — Le vers de cristale que vous mavez envoyé est dun travail très présieu. — Sette tapiceri est d'un très-beau verd. — Je lui ai aufert du pin et il ma montré le point. — En lisant, on doit se repauser après un poingt et virgul, moins qu'après un poingt. — Le pain est un arbre dont le feuillage est très verre. — Votre cousin est un jeuné ome d'un grend sans. Il a beaucou de dousseure anverd tout le monde. — Vous avé une père de boucles qui me paressent sang défaut; si elles ne vous ont couté que sens francs, ce nest sertaineman pas trop chaire. — Vous avé raison, mon chair ami, de me croire très affoibli; car j'ai perdu beaucoup de cent dans ma dernière maladi. — Les verres ont fai baucou de taure au péché que j'avois dans mon jardin. —

« La chère de vérité que l'on vien de plasser dans notre paroisse est dune très belle sculpeture. — Le Mère de notre ville vient d'être nomé père de France. — Ma cher et mes eaux se sont consumés, tandis que je pleurois mes péchérs. — Les os de cette fontaine sont très-limpides. — Selui qui père une fortune concidérable et qui est présipité du eaux des grandeurs, sait rarement suporté l'advairsitée avec passiance.

LXV.me EXERCICE.

Quelque grande que soit votre puissance, celle de Dieu luit est toujoure ainfiniman supérieure. — Quellesques nombreuses que soit vo bones axions, vous ne devez jamais croire en avoire assé fait. — Quellesque grandes richesses que lon paucède, l'on ne ne doit pas s'en enaurgueillire. — Quelsques spécieux que soient vos sauphismes, j'espaire pouvoire en démontré l'absurditée. — Je veux oublier ce que vous mavé dit ière, mais c'étoit quelleque chose de très-désagréables. — Quelles que peines que vous ayez prises pour sette affaire, je n'en aispère pas de succès. — Quelsque soit la significacion que vou doniez à vos paraules, vou ne pouré les randre excusables. — Quelleque grande application que vous aportié dans vos aitudes, vous ne devé pas vou relaché. — Entendé-vou le corps bruyan qui retenti dans les faurraits? C'est un cignalle de maure pour les chevreuilles et les serfs; quelque soit la rapiditée de leure cource, le plon meurtrié les atteindra, avan qu'ils aient pu se maître à l'abri des poursuites du chassœur. — Le ton est un poisson dont la chère n'est pas très délicate. — Je vous angaje à bien aitudié les règles de la grand mère sur l'adjectifs quelque, afain de pouvoire faire cet exercise cent fôte. — Quelque soit sa difficultée, vou pouvé réussire, pourvue que vous aportiez au travaille une grande atencion.

LXVI.me EXERCICE.

Selui qui peu empeché le malle et ne lampaiche pas, est auci coupable que selui qui an est lhauteur. — Quelle grande que soit votre mal, ail ne pourra contenire les soixante mils sinq ceus francs que je dois amporté. — Le signe est un oiseau dont le plumaje est dune blanchcure aiclatante. Il fait l'orneman des rivières et des étems. — Les méchans se trahicent toujours par quelle que androit. Quelsque soins qu'ils preunent pourcaché leures crimes, il est bien rare qu'ils aichape à la vaindicte publique. — Il y a des jean assez ainsansés pour regardé pour une marc donneure, se qui n'est qu'une honte d'infami. — Se vanjé dune petite ainjure, cest aurdinairemant san atiré une autre plus grande. — Quelle que sensible que soit une ainjure, on ne doi pas ésité à la pardonner. — Un harbrisau louoit la magesté d'un chaine magnifique, à lombre duquel il croissoit. « Il est vrai, dit celui-ci, que ma taîle sélève fort hau dans les ères; il est vrai que je domine sur toute la faurait; mais plu je l'amporte sur les autres arbres, plu je suis expausé aux outrajes des vans, de la neige, de la graile et de la foudre. » — Sette fable appren aux petits à ne pas anvier le saur des grants.

LXVII.me EXERCICE.

Les chef-lieux des départeman sont les viles ou la préfecture est établie. — Les plain-chants de l'Église son graves et armonieu, surtou lorsque les basse-tailles dominent. — J'ai vu hier deux arc-en ciels dont les couleurs étoient très-vive. — On ne sauroit tro recomandé à la jeunaisse la lecture des chef-d'œuvres du siècle de Louis XIV. — Je viens de faire placer des abats-jours à mes fenêtres. — Dans les chutes, les contres-coups sont souvant très-danjereu. — Les arrières-saisons dans le pays que nous abithon sont aurdinaireman très-pluvieuses. — Ce cerrurié a dexellans passes-partouts. — Les chèvre-feuille embellisse les jardins. — Les chou-fleure vienne très fassilement dans ce terrein. — Il est rare d'être longs tems vertueu, quand on se néglige sur les petites chauses. — Quelques soient les soins que vous ayez donnés à set anfan, je crains bien que vou nan soyé pas récompansé. — Voulé-vous être longs tems vertueu, croyez ne laitre jamais assez. — Un peti mouche-rond vint se pauser sur la corne dun taureau. Craignant de fatiguer par son pois le roi des paturajes : « Seigneur toro, lui dit lainsecte mirmidon, si la charje de mon cor vous aincomode, parlez, je vou soulajerai aucitôt en m'envolant. — Quoi tu es las, dit le tauro, je n'en savois rien. — Conbien de petits personajes qui s'imaginent être de grant poids, et qu'on n'apersoi que parsequ'ils fon l'ainportant.

LXVIII.me EXERCICE.

Voulé-vous aitre toujours cru, ne vous permété jamais le plus léger mensonge. — La cru des aux a été si subite, que plusieures mésons ont été submerjées. — J'ai goûté le vain que vous mavez anvoyé et jai trouvé qu'il étoi d'un trait bon crue. — Le haitre est un arbre qui croie fassileman dans ces coutrées. — En vin vou cherché à me persé de vos très, ma cuirace me rend invulnérable.

Un petit hanon couroit, folâtroit, sautoit sur la vairdure, et fouloi, d'un pié léger le gazon et les fleurs. Il étoit jauli, léger, guet et svailte. Sa bone hanesse de maire triomphoit de joi de le voire si akonpli, et se repaissoi des plu belles aispérances, ne doutan poin qu'il ne séleva un joure audeçu de tout ceux de son aispesse. Sepandant l'hanon grandit; et quelques mois se son à peine aicoulés, quil a pairdu tous ses agrémens et toute sa gaité. Il devient hane en faim et très hane, très paraisseu, très désagreable, très graussié, très stupide. — Ne nou laisson pas aiblouir par des qualités aixtéricures; ne jujon pas des anfans par quelques peutites jentillaisses; mais tachon de praufité des bonnes dispausition que nous remarcons en eu, pour les porter au bien.

LXIX.me EXERCICE.

La que du pan est d'une richaisse sans égal. — Je vous attandoi vers le mois d'out. — J'ai été hier visité les cachauts. Le jolier a un ére terrible. — Que pensez-vous de la propausition qu'on vien de me fère, elle me pasraie contraire à lonneur, dès lores je n'ai pu y acquiessé. — Laur et le faire sont deux métaux bien précieu. Le fair est beaucoup plu commun ; mais il est auci bien plu nécessair. — Cet artiste dort avec soin un mauvai tableau, c'est comme si l'on renfermoi des sou dans une cassaite daure. — Le lie que vous m'avez ofère est très bon ; on y doie à mairveille. — Souvant l'on sacrifi l'util à l'agréable. — Geunes jans, aprené de bonne heure, et noublié jamais que l'aispri est aissanciellemant faulx et le goû dépravé, quant le cœure est coronpu, quant rien de bon ou dutil ny a jermé dent lanfance ou que ses jermes précieu ont été tristemant étouffés dans la suites, par la séduxion des movais examples et l'ampire des movèses abitudes. — Noubliez jamais quan tou Jaure comme en tout sang, dans la conduite ,comme dans les ouvrages, laispritse sant toujoures des bassesses du cœure. — Les flauts joyeu de la multitude remplissoi les havenus, et les cris d'hallegraisse se mêloit au bruit des cléronds. — Le landemain il vaint auffrire au chevalié ses remersiman et lui ramener sou courcié qu'ille tien maudesteman en lesse.

LXX.me EXERCICE.

J'AI pensé lontan au moyen à amployé pour corrigé vo défauts, et je n'an est pas trouvé de plus propre que selui de vou les randre ainsupportable à vous-méme. — J'ai travaillé ière non seuleman jusquo soire, mais mêmes pendant toute la nui, j'avoi laispoire de tairminer votre afaire, mais je nest pu y parvenire. — Le tant a bo volé d'une elle rapide, nous auson souvan laccusé de lanteure. Que dœures, que danée même dont nous serion ravi d'être débarrassés ! On diroi que la vie umaine est un pay sovage où le voyageure ne rancontre que des lande et des daisères. Il voudroi les traversé en pauste, pour arrivé à je ne sais quelle autelleri où il simagine quille repausera. — Le vieillar qui a consacré sa vi à la pratique des vairtues et à l'étude des sciences est samblable à un praupriétaire, dont les taires forment un paysage délisieux, et qui, dans ses vastes possaission, apersoit à paine un pousse de terrein qui nest produi une plante utile, où une baille flœur. — Vous vené, mon chair fils, d'achévé le sercle aurdinaire des aitudes; vou lavez rampli avéc suxés ; je vous en félisite de tous mon chœures, je m'au félisite mois-mêmes, ou plutaut nous devons l'un et l'autre en rendre grasse à Dieu, de qui vienne touts les biens dans l'ordre de la nature, comme dents selui de la grasse.

LXXI.me EXERCICE.

SUR LES PARTICIPES. *

Le séjour des champs eut toujours pour moi des charmes : j'aime à voir les troupeaux errants en paix dans les vastes prairies; les brebis bêlant, caressant leurs tendres agneaux bondissants près d'elles; la chèvre capricieuse grimpante sur les rochers escarpés, broutant les plantes croissantes, fleurissantes parmi les buissons, ou les bourgeons naissant de la ronce rampante; les lapins timides, tantôt réunis en troupes, tantôt se dispersants au moindre bruit, et fuyants çà et là; les oiseaux, au retour de l'aurore, ravissants mes oreilles de leurs doux concerts, et m'inspirants une tendre mélancolie. Innocents animaux! il n'en est

(*) Les participes renferment à eux seuls les plus grandes difficultes de la langue françoise. Nous nous sommes appesantis sur cette partie de la grammaire; et afin de moins distraire l'attention des élèves, nous n'avons laisse subsister dans les exercices suivans, qu'un très-petit nombre de fautes qui n'aient pas rapport aux participes.

point parmi vous qui, prévoyants le sort cruel que les hommes leur préparent, soient agités des soins inquiétant de l'avenir. Oui, j'aime à voir ces bergers chantants, jouants leurs airs champêtres retentissants sous la voûte résonnant d'une grotte; et cette source cristalline filtrante à travers l'épaisseur du roc, bientôt coulant en abondance, et déposant ses eaux courant et limpides dans un bassin. C'est là que les troupeaux altérés, fuyants les rayons brûlant de l'astre du jour, trouvent une liqueur rafraîchissante.

LXXII.me EXERCICE.

Voyez cette vaste nappe d'eau dormant : quoiqu'elle n'ait aucun cours, les vents agitants sa surface, entretiennent sa pureté. Elle est loin de ressembler à ces marais croupissant, exhalants une odeur bitumineuse et fétide. Des poissons innombrables, vivants dans son sein, sont destinés à la table du maître. Deux barques, voguantes à toutes voiles, et fuyant l'ouragan dont elles sont menacées, cherchent à gagner le bord. Les vents, soufflants avec force, sifflants dans les cordages, s'opposent à la manœuvre. Déjà les vagues, blanchissant d'écume, tracent sur l'onde de larges sillons. Des branches, des feuillages, emportés par un tourbillon, tombent dans l'étang, et forment des débris flottant sur les eaux. Les oiseaux timides, se rassemblants en troupes et volants d'une aile rapide ; les animaux fuyants au hasard ; les éclairs brillants par intervalle et sillonnants les flancs ténébreux du nuage ; la foudre grondante sur nos têtes ; la terre tremblante sous nos pieds ; une pluie mêlée de grêle, tombant par torrens ; voilà l'image terrible, effrayante qui porte dans nos cœurs la consternation. Que vont devenir nos marins ? hélas ! s'ils l'avoient voulu, ils auroient évité leur sort. Une corneille, errante à pas lents sur le gravier, l'avoit annoncé par ses cris sinistres. A l'instant où ils font leurs efforts pour baisser leurs voiles ; voiles, mâts, cordages, tout est emporté. Leurs barques vacillant ont peine à conserver l'équilibre. Les vagues mugissant, s'élevant au-dessus de ces frêles embarcations, vont les engloutir. Cependant l'impétuosité du vent les pousse vers des rochers menaçant qui ferment le bassin. Craignants de se voir briser, nos jeunes nautonniers, s'élançants à la fois, nageants avec ardeur, abordent sur le sable, tout dégouttant d'eau, défaillant, presque expirant de foiblesse et de fatigue. Les bateaux fracassés ; les mâts, les voiles, poussés par le vent, et flottants vers la rive, offrent le tableau d'un naufrage.

LXXIII.me EXERCICE.

Il y a des sottises bien habillé, comme il y a des sots bien vêtu. — On pourroit appeler la politesse une bonté assaisonné: c'est la bonne grâce ajouté au bon cœur. — Les récompenses accordé au mérite ne doivent jamais être le prix de l'intrigue. — Les belles actions caché sont les plus estimables. Qu'elle est belle cette nature cultivé! Que, par les soins de l'homme, elle est brillante et pompeusement paré! il en fait lui-même le principal ornement, et il met au jour, par son art, tout ce qu'elle recéloit dans son sein. Que de trésors ignoré! que de richesses nouvelles! les fleurs, les fruits, les grains perfectionné à l'infini; les espèces utiles d'animaux transporté, propagé, augmenté sans nombre; les espèces nuisibles réduites, confiné, relégué; l'or et le fer, plus nécessaire que l'or, tiré des entrailles de la terre; les torrents contenu, les fleuves dirigé, resserré; la mer soumise, reconnu, traversé d'un hémisphère à l'autre; la terre accessible partout, partout rendu aussi vivante que féconde; dans les vallées, de riantes prairies; dans les plaines de riches pâturages ou des moissons encore plus riches; les collines chargé de vignes et de fruits, leurs sommets couronné d'arbres utiles et de jeunes forêts; les déserts devenu des cités habité par un peuple immense, qui, circulant sans cesse, se répand de ses centres jusqu'aux extrémités; des routes ouvertes et fréquenté; des communication établi partout comme autant de témoins de la force et de l'union de la société.

Les hommes passent comme les fleurs, qui, épanoui le matin, le soir sont flétri et foulé aux pieds. — Nous oubliions aisément nos fautes, lorsqu'elles ne sont su que de nous. — Le cœur de l'homme ingrat est semblable à un désert qui boit avidement la pluie tombé du ciel, l'engloutit et ne produit rien. — La mort n'est prématuré que pour qui meurt sans vertus. — Lorsque l'ame est agité, la face humaine devient un tableau vivant où les passions sont rendu avec autant de délicatesse que d'énergie; où tous les mouvemens de l'ame sont exprimé par un trait, et où chaque action est désigné par un caractère, dont l'impression vive et profonde devance la volonté, et nous décelle.

LXXIV.me EXERCICE.

Le premier degré du pardon est de ne plus parler de l'injure qu'on a reçu. — Nous n'estimons rien plus qu'une grâce que nous demandons; nous n'estimons rien moins, dès que nous l'avons obtenus. — Plusieurs des altérations que notre globe a souffert ont été produit par le mouvement des eaux. — Les hommes qui ont le plus vécus ne sont pas ceux qui ont compté le plus d'années, mais ceux qui ont le mieux usés de celles que le ciel leur a départi. — Superbes montagnes, qui vous a établi sur vos fondemens? qui a élevées vos têtes jusqu'au-dessus des nues? qui vous a orné de forêts verdoyantes, de ces arbres fruitiers, de ces plantes si utiles et si variées, de tant de fleurs agreables?

Les peuples même que l'on a regardé comme sauvages ont admirés et estimés les hommes justes, tempérant et désintéressé. — Les hommes n'ont jamais cueillis le fruit du bonheur sur l'arbre de l'injustice. — Tant qu'ils ont vécus, Racine et Boileau se sont données des preuves de l'estime la plus sincère. — La gloire des hommes doit toujours se mesurer sur les moyens dont ils se sont servi pour l'acquérir. — Quelques-uns de nos auteurs se sont imaginés qu'ils surpassoient les anciens. — Le vice est une maladie de l'ame d'autant plus honteuse que ceux qui en sont attaqué, refusent d'employer les remèdes qui les auroient guéri ; aussi est-il bien rare que nous nous corrigions des vices qui se sont une fois emparé de notre cœur. — Le sage ne se conduit par les lumières d'autrui qu'autant qu'il se les est rendu familières. — Les poètes épiques se sont toujours plus à décrire des batailles. — Les secours que vous aviez prétendus que j'obtiendrois, ont été illusoires. — L'affaire paroissant plus grave qu'on ne l'avoit crue d'abord, les consuls résolurent de commencer la guerre. — Les passions que vous avez laissé fomenter finissent par vous subjuguer. — Cent ans d'oisiveté ne valent pas une heure qu'on a sue bien employer. — On voit des hommes tomber d'une haute fortune par les même défauts qui les y avoient fait monter.

LXXV.me EXERCICE.

L'EXPÉRIENCE est une école où les leçons coûtent chères; heureux celui qui les a pratiqué ou qui les pratique! — Quant un ami nous a trompé, on ne doit que de l'indifférence aux marques extérieurs de son amitié; mais on doit toujours être sensibles aux malheurs qu'il éprouve ou qu'il a éprouvé. — Aristide étoit un citoyen dont la justice et la douceur étoit admiré de tout le monde; cependant il fut condamné à l'exil par ses compatriotes, qui ne pouvoient souffrir qu'il exista un homme plus juste qu'eux. — Je ne saurois approuver la conduite que ce jeune homme a tenu dans une circonstance où il auroit pu, au contraire, se faire beaucoup d'honneur. — Combien d'ouvrages de mauvais goût inondent aujourd'hui la république des lettres! Tant s'en faut que je les ai lu, qu'au contraire je les ai éloigné de ma maison. — L'expression dont vous me parlez, a déjà été employé par divers Ecrivains du premier mérite; c'est donc avec raison que vous l'avez adopté. — Cette action bien belle, que vous venez de me raconter, se trouve consigné dans la feuille périodique qu'on m'a donné à lire aujourd'hui. — La justice et l'humanité, dont nous faisons tant de cas, ont toujours été honoré par les nations les moins poli.

Cette pensée étoit bien belle, mais vous l'avez gâté en la traduisant d'une manière sèche et triviale. — Je ne sais pourquoi les volumes qu'on avoit apporté ici ont été enlevé, et comment ils l'ont été à l'insçu de tout le monde. — L'histoire que vous m'avez lu, n'est pas du tout vraisemblable; son auteur l'a rempli d'incidens et d'anecdotes, auquels on ne sauroit ajouter foi.

LXXVI.me EXERCICE.

On dit que l'armée ennemie est atténué tant par les combats et les batailles qu'elle a livré depuis un mois, que par la privation des différentes troupes auxiliaires qu'elle a envoyé sur divers points. — Vous voyez des malheureux que j'ai reçu chez moi; ils ne savoient de qui implorer la pitié, je les ai accueilli et secouru avec les meilleurs intentions. — Ce peuple n'est pas aussi barbare que vous le croyez peut-être; je connois ses usages et ses coutumes, que j'ai étudié, lorsque je vivois au milieu des champs qu'il habite. — Que de gens, mêmes lettrés, pèchent tous les jours contre la règle des participes, parce qu'ils ne l'ont jamais connu ni étudié! — Je me suis accoutumé depuis long-temps à écrire les difficultés que j'ai rencontré; c'est pourquoi je les ai toujours vaincu, quand elles se sont présenté. — Les exploits d'Alexandre ont été vanté par quelques historiens; pour moi, loin de les admirer, je les ai toujours jugés dignes de blâme.

LXXVII.me EXERCICE.

Vous ignorez les règles que je vous ai enseigné, parce que vous n'avez pas jugés à propos d'écouter l'explication que j'en ai donné. — Vous n'avez pas lus, mes amis, la Grammaire que vous avez acheté; cependant je ne vous ai conseillé d'en faire l'acquisition, que pour vous mettre à portée de faire une excellente provision de connoissances grammaticales. — Les absences qu'a fait cet écolier, n'ont pas peu contribué à lui inspirer le dégoût du travaille; faut-il être surpris, d'après cela, qu'il paroisse s'éloigner de plus en plus de l'étude qu'il n'a d'aillieurs jamais aimé? — Je vous donnerai les ouvrages que votre père a composé dans ces momens de loisir; quand vous les aurez lu, vous me les remetterez.

Lisez souvent, mon ami, les bons ouvrages que je vous ai procuré; je sais que vous les avez seulement parcouru, ce qui ne suffisoient pas. — La vraie sagesse tend à former l'esprit et le cœur; ceux qui l'ont étudié avec le desir de devenir meilleur, ont trouvés des charmes réelles dans l'étude qu'elle exige. — Ce jeune homme n'a pas rempli les devoirs qu'on lui avoit prescrit; j'ignore qu'elle est la vraie cause de ce manque de soin; je ne sai qu'elle excuse il pourra apporter pour légitimé en quelleque sorte son inexactitude ; mais je le préviens que je ne le recevrai plus, s'il persévère dans la conduite qu'il a tenu jusqu'ici. — L'intérêt que nous prenons aux temps qui nous ont précédé, et à ceux qui nous suivront, ne provient que de l'attachement que nous avons à la vie. — On avoue les torts qu'on a eu, et l'on nie ceux qu'on a ; de même on raconte les maux qu'on a soufert, et l'on cache ceux que l'on soufre.

Suivez, mes amis, les bons conseils que votre mère vous a donné ; elle ne veut que votre bien ; vous ne vous repentirez pas de lui avoir obéie. —La musique que jai entendu ce matin a parue faire plaisir à tout le monde ; chacun a goûtés les morceaux qu'on a chanté. — Que de gens se rappellent trop les injustices qu'on leur a fait ! Cependant il est doux et glorieux de pardonner les offences qu'on a reçu. —Je vous enverrai demain le paquet et la lettre qu'un nouvel émissaire m'a apporté ; ces deux objets ne m'appartiennent pas : et je ne sais pour quelle raison on me les a adressé.

Les prix que ce jeune-homme a obtenu, ont flatté son amour-propre ; j'approuve la résolution bien sincère qu'il paroît avoir formé, de redoubler d'ardeur pour obtenir de nouvelles récompenses à la fin de cette année.

LXXVIII.me EXERCICE.

Pourquoi ignorez-vous, mon ami, les regles grammaticales qu'on vous a enseigné si souvent? C'est que vous ne les avez jamais consulté. — Qui peut ignoré combien il est doux et glorieux de secourir l'innocence et la vertu que l'on a injustement opprimé? — Que d'éloges ne sont pas du aux personnes qui se sont toujours imposés l'obligation bien douce de protéger le mérite indigeant! — Qui a trouvées les deux colombes que j'ai perdu? Elles ont abandonné la volière fort joli que je leurs avois donné. — Je me flatte que notre ami, dont la probité m'est connu, ne trahira pas la confiance que j'ai placé en lui. — Les heures que vous avez perdu, ne pourront jamais être réparé, parce que le temps passé ne se répare jamais; il est donc de votre intérêt, si vous voulez acquérir des connoissances précieuses, de profiter des momens qui vous sont accordé, tant pour orner votre esprit, que pour former votre cœur à la vertu. — Mon oiseau, qui a pris la fuite, reviendera sans doute dans la demeure bien riante que je lui ai préparé; il ne voudra pas se séparer de ses petits, qu'il a laissé dans le plus cruel abandont, et qui sans cesse redemandent leur mere dont ils se voyent privé. — La poésie et la peinture, que nous avons de tout temps cultivé, sont deux arts bien agréables, qui méritent d'être connu et encouragé.

LXXIX.me EXERCICE.

Bien loin de connoître votre sintaxe, dont les regle son développé dans la Grammaire que je vous ai donné, vous ignorez même l'ortographe qu'on vous a enseigné dès votre bas âge. — Les arbres que nous avons fait planter, nous donnerons bientôt une ombre hospitalière, que les chaleurs de l'été rendront plus agréable. — Je ne sais par quelle fatalité mes deux tourterelles ont quittées la volière dont le séjour les avoit tant charmé. — Nous avons trouvé vos jeunes fils qui jouoient dans la rue; nous les avons faits reconduire à la maison paternelle. — La résolution que nous avons formé, a été bien muri; nous l'avons discuté de la manière la plus solennel. — J'ignore quelles raisons ont empêchées ces jeunes-gens de remplir les devoirs très-faciles qu'on leur avoit donné à faire. S'ils continuent, ils ne soutiendront pas l'opinion avantageuse que nous avions conçu d'eux. — Les sciences qu'on a enseigné à votre ami, lui seront toujours nécessaires, dans quelle que position qu'il se trouve. — La bienfaisance que cette mère de famille avoit toujours exercé à l'égard des pauvres, l'avoit fait constamment regarder comme leur refuge assurée et leur ange tutélère. — Il est rare qu'une decouverte neuve et importante n'occupe pas entiérement celui qui l'a proposé le premier — Les connoissances astronomiques des Indiens leurs ont été apporté du nord, et ils les ont reçu tels qu'ils les ont conservé. — Je ne serois pas surpri que peu de personnes consentissent à examiner cette cause que nous avons jugé d'avance. — Les louanges qu'on avoit accordé avec affectation aux agrémens de cet ouvrage, en faisoient suspecter la vérité et la solidité. — Nous marquerons la place que nous semble avoir occupé les premiers peuples de la terre, auquels on rapporte l'origine des arts, des opinons et des coutumes des autres peuples.

LXXX.me EXERCICE.

Suivez les bons exemples que nous ont laissé les personnes célèbres qui nous ont précédé dans la carrière de la vertu. — La rivière que j'ai vu détourner, auroit procurée une grande fertilité à nos champs qui manquent d'cau. — Les auteurs que j'ai commencé à traduire de l'espagnole en français, ne m'ont pas semblés fort faciles, quoiqu'on les ait déjà traduit en divers langues. — Je plains vos tourmens, et les fatigues que vous avez eu à essuyé dans ce voyage de longue haleine. — Les preuves autentiques et non équivoques que vous m'avez donné de votre amitié, me font espérer que vous voudrez bien me rendre les deux services que j'ai réclamé de votre complaisance.

Jeunes gens, que de mauvaises lectures ont dépravé, je m'aperçois que la conduite de votre camarade n'est pas moins honteuse que la votre; s'il ne vous avoit pas fréquenté, je ne désespérerois pas de son salut. — Cet auteur a pri, ce me semble, à tache d'établir des vérités qu'on avoit souvent obscurci, faute de lumière ou de bonne foi. — C'est sur-tout à la poésie, que les langues doivent les plus grandes richèsses qu'elles ont tiré de l'usage de la métaphore. — Cette femme s'est cassée l'épaule; les douleurs qu'elle a souffert ne peuvent se concevoir.

Si vous manquez souvent aux règles grammaticales que je vous ai enseigné, c'est que vous n'avez jamais bien compris les principes que j'ai développé, et les explications que j'ai fait ici où nous sommes. — Les villes dont nos soldats se sont emparé, renfermoient un butin considérable; ce ne fut qu'après y être entré, qu'ils se rendirent maître de tant de richèsses qu'avoient laissé les ennemis en fuyants.

LXXXI.me EXERCICE.

La Religion nous enseigne à supporter avec résignation les maux qui nous arrivent, et que nous nous sommes souvent attiré par notre imprévoyance ou par le mepri des bons conseils qu'on nous avoit donné. — Pourquoi n'avez-vous pas accompagné vos parens que j'ai vu sortir seul et qui comptoient sur vous? Ils sont venu s'informer des progrès que vous êtes sensé avoir fait depuis deux ans que vous fréquentez les différens cours que nous avons ouvert ici. — La caution que je vous ai donné, mes amis, est sure et bonne; vous pouvez être certain que vous n'avez rien à perdre. — Il est beau de pardonner les outrages qu'on a reçu; mais que de gens ne savent pas oublier les torts qu'on a eu envers eux! — Portez à votre mère les œillets et les roses que j'ai cueilli au sein de mon parterre; je ne doute pas que ses fleurs, qu'elle a toujours beaucoup aimé, ne lui soient infiniment agréables.

Comme on s'étonnoit devant Caton de ce qu'il n'avoit pas encore obtenue de statues: J'aime mieux, dit-il, entendre demander pourquoi il ne m'en a pas été accordée, que de voir des gens surpris de ce que j'en ai eus. — Ma fille, vous savez que je vous ai recommandé à votre tante, qui veut bien prendre soin de vous en mon absence. — Cette armée ne parut pas d'abord aussi nombreuse, aussi formidable qu'on l'avoit annoncé. — Une table indique les sujets que j'ai emprunté, et les sources qui me les ont fourni. —Nous avons lus les beaux plaidoyés que nous avions entendu prononcer, et nous les avons admiré avec raison — J'ai décacheté le paquet et la lettre qu'on m'a apporté ce matin, je ne sais par quelle méprise ; mais je les ai renvoyé tout de suite à la personne à qui on les avoit destiné. — Quoique vous admiriez avec raison les ouvrages des modernes, je crois que les chefs-d'œuvre que nous ont laissé les Ecrivains de l'antiquité, l'emportent beaucoup sur eux.

LXXXII.me EXERCICE.

Ne pas écrire correctement, c'est dévoiler le peu d'éducation qu'on a reçue. —Notre traversée fut aussi heureuse que nous l'avions présumée ; et quant à la fertilité de l'île, nous ne nous sommes pas trompé dans l'espérance que nous en avions conçu. — Les Russes sont venu tard, et ayant introduits chez eux les arts tout perfectionnés, il est arrivé qu'ils ont faits plus de progrès en cinquante ans, qu'aucunes nations n'en avoient faits par elle-même en cinq cent années. — Alexandre a détruit plus de villes qu'il n'en a fondées. — Qui pourroit dire combien de larmes lui ont coûté ces divisions toujours trop longues! — On ne peut se défaire de la honte que la nature a gravé en nous; si on veut la chasser du cœur, elle se sauve au visage. — C'est de la Grèce que la poésie a passée en Italie. — Homère, le plus célèbre des poètes que les Grecs ont eu, naquit trois cents quarante ans après la prise de Troie. Sept villes se sont disputées la gloire de lui avoir données naissance. Les savans se sont accordé à penser que c'est à Smyrne où il est nés. — Né le plus souvent dans l'orgueil et dans l'amour de la gloire, les vertus purement humaines y trouvent un moment après leur tombeau; formé par les regards publics, elles vont s'éteindre le lendemain, comme ces feux passagers, dans le secret et dans les ténèbres; appuyé sur les circonstances, sur les occasions, sur les jugemens des hommes, elles tombent sans cesse avec ces appuis fragiles.

LXXXIII.me EXERCICE.

Nos aïeux vivoient pauvres et vertueux, et mouroient dans le champ qui les avoit vu naître. — Les mauvaises nouvelles se sont toujours répandu plus promptement que les bonnes. — Il en est de l'honneur comme de la neige, qui ne peut jamais reprendre son éclat ni sa pureté dès qu'elle les a perdu. — La conduite que j'avois supposée que vous tiendriez, vous l'avez tenu, et vous en avez été blâmé. — Monsieur, disoit un délateur à Louis de Bourbon, frère de Charles V, voilà un mémoire qui vous instruira de plusieurs fautes qu'ont commis contre vous des personnes que vous avez honoré de vos bontés. — Avez-vous aussi tenues un registre des services qu'ils m'ont rendu ? *répondit* le prince. — L'usage des cloches est, chez les Chinois, de la plus haute antiquité ; nous n'en avons eues en France qu'au sixième siècle de notre ère. — Qui peut ignorer combien il est doux et glorieux de secourir l'innocence et la vertu qu'on a injustement opprimé ? — Ceux dont elle a présentée les vœux ou les plaintes, offrent pour elle, de tous côtés, les sacrifices de leurs larmes ou de leurs prières. Les familles qu'elle a assistée lui souhaitent incessamment le repos éternel devant Dieu. Les provinces qu'elle a autrefois édifiée par sa piété et par les aumônes qu'elle y a répandue, retentissent du bruit de ses louanges. Les prêtres offrent pour elle le sacrifice de Jésus-Christ sur les autels, et les pauvres qu'elle a secouru demandent à Dieu, pour elle, la miséricorde qu'elle leur a fait. — Une mère ne regrette point les soins ni les peines que son enfant lui a coûté.

LXXXIV.me EXERCICE.

Les pleurs que je lui avois coûté sembloient avoir sillonnées ses joues. — J'avois deux fils, ma plus belle espérance, je les ai vu mourir à mes côtés. — Nous sommes trop heureux, vous, de m'avoir procurée l'occasion de faire du bien, et moi, de ne l'avoir pas laissé échapper. — Toutes les mines de diamans réuni ne sauroient racheter un seul des instans que tu as perdu. — Avec des soins on auroit sauvée cette personne, et cependant on l'a laissé mourir. — Que d'obstacles ces deux grands hommes ont surmonté! que de difficultés il ont vaincu! que de dangers ils ont couru! que de nations encore barbares ils ont soumis et civilisé! Autant de lois ils ont fait, autant de sources de prospérités ils ont ouvert. — Les embarras que j'ai sus que vous aviez, ont accélérés mon départ. — Que d'hommes ont vécus trop d'un jour! — L'habitude que nous avons contracté de juger tro promptement, nous a faits tomber souvent dans bien des erreurs. — Les malheurs que le vice a souvent entraîné après lui ne devroient-ils pas servir d'exemples aux hommes ? — Les montagnes se sont élevé, et les vallons sont descendu à la place que le Seigneur leur a marqué. — On a eu, pour son âge et pour sa foiblesse, tous les égards qu'on a dus. — Que de gens ne savent pas oublier les torts qu'on a eu envers eux, ni pardonner les offenses qu'ils ont reçu! — L'homme n'a guère de maux que ceux qu'il s'est attiré soi-même. — Je ne révelle pas ici tant de grandes actions qu'elle a tâchée de rendre secrètes Je révère encore après sa mort l'humilité qui les a caché je les laisse sous les voiles qu'elle avoit tiré pour les couvrir et je consens qu'elles soient perdu

LXXXV.me EXERCICE.

Nous avons vus Charlemagne surpasser les actions de ses ancêtres et donner à la France un éclat dont ils ne l'auroient pas cru susceptible — Le succès de cette entreprise ne produisit pas les avantages qu'on en avoit espéré — On ne doit jamais regretter ni le temps ni la peine qu'a coûté une bonne action — Sa vertu étoit ausssi pure qu'on l'avoit crue jusqu'alors — Il est vrai qu'entraîné par le torrent ils se trouvèrent hors de la route qu'ils avoient résolus de suivre — Les serpens paroissent privé de tout moyen de se mouvoir et uniquement destiné à vivre sur la place où le sort les a faits naître — Plus il a rencontré de difficultés plus il en a surmontées — Ils poussèrent des cris de joie en revoyant les compagnons qu'ils avoient cru perdu — Ils avoient été les pères de leurs peuples et les avoient rendu heureux pendant leur règne — C'est au dernier moment que toute votre vie s'offrira à vous sous des idées bien différentes de celles que vous en avez eu jusqu'aujourd'hui — Autant d'ennemis on lui a suscité autant il en a vaincus — Je considère qu'elle a rachetée ses péchés par les aumônes qu'elle a répandue secrètement dans le sein des pauvres et qu'elle les a expiée par une longue pénitence qu'elle a soutenu avec beaucoup de force — Toutes ces lois pourroient avoir quelques exceptions parmi nous comme elles en ont eues chez les Grecs — Il n'est pas étonnant que ces deux grands écrivains aient été exposé à l'envie et qu'ils se soient vus préférer des concurrens dont les noms se sont enseveli dans l'oubli

---

LXXXVI.[me] EXERCICE.

Il n'est restés de ce superbe édifice que les quatre murs et les colonnes qui s'élèvent au milieu des décombres La flamme a consumé le toit et les ornemens qui décoroient la nef On commence à le rétablir Tous les habitans y ont contribuées les femmes ont sacrifiés leurs bijous Les parties dégradé par le feu seront restauré celles qu'il a détruit reparoîtront avec plus de magnificence — Que d'attentions et d'honneurs de beaux habits nous ont souvent valu — La nature s'est montré une mère bienfaisante elle a prodiguée à ses enfans des biens précieux dont ils ont abusés — Le peu de modération que ces deux hommes ont montrée dans la prospérité les a faits passer pour orgueilleux et insensés — Combien de fois l'ignorance ne s'est-elle pas applaudi de ses propres erreurs — Tout le monde m'a offert des services et personne ne m'en a rendus — Le nom de Bossuet rappèle un de ces hommes rares que le siècle de Louis XIV a réuni dans le vaste domaine de la gloire — Adieu aimables enfans auprès desquels nous avons éprouvés de si douces jouissances et que comme de jeunes plantes aimé du ciel nous avons vu s'élever par les tendres soins d'un respectable précepteur

FIN.

www.ingramcontent.com/pod-product-compliance
Lightning Source LLC
Chambersburg PA
CBHW060633100426
42744CB00008B/1612
* 9 7 8 2 0 1 2 7 5 5 0 7 9 *